O Uso da Cor no seu Dia-a-dia

MANUAL PRÁTICO

PAULINE WILLS

O Uso da Cor no seu Dia-a-dia

MANUAL PRÁTICO

Tradução
CARMEN FISCHER

EDITORA PENSAMENTO
São Paulo

Título do original:
Working With Colour

Copyright © 1997 Pauline Wills.

Publicado originalmente em inglês por Hodder and Stoughton Ltd.

Todos os direitos reservados. Nenhuma parte deste livro pode ser reproduzida ou usada de qualquer forma ou por qualquer meio, eletrônico ou mecânico, inclusive fotocópias, gravações ou sistema de armazenamento em banco de dados, sem permissão por escrito, exceto nos casos de trechos curtos citados em resenhas críticas ou artigos de revistas.

Edição	O primeiro número à esquerda indica a edição, ou reedição, desta obra. A primeira dezena à direita indica o ano em que esta edição, ou reedição, foi publicada.	Ano
2-3-4-5-6-7-8-9-10-11		02-03-04-05-06-07-08

Direitos de tradução para a língua portuguesa
adquiridos com exclusividade pela
EDITORA PENSAMENTO-CULTRIX LTDA.
Rua Dr. Mário Vicente, 368 – 04270-000 – São Paulo, SP
Fone: 272-1399 – Fax 272-4770
E-mail: pensamento@cultrix.com.br
http://www.pensamento-cultrix.com.br
que se reserva a propriedade literária desta tradução.

Impresso em nossas oficinas gráficas.

Sumário

Capítulo 1. A cor no mundo	13
O mundo vegetal	13
O mundo animal	14
Comunidades tribais primitivas	14
Idade Média	16
O mundo religioso	17
As estações do ano e as fases da vida	20
Os planetas	22
China	23
Capítulo 2. A manifestação da cor	26
O espectro das cores	27
A teoria quântica	28
Mistura de cores	29
Capítulo 3. As cores do espectro	36
Vermelho	37
Do laranja ao marrom	39
Do amarelo ao dourado	40
Verde	41
Turquesa	42
Azul	43
Índigo	44
Violeta	44

O USO DA COR NO SEU DIA-A-DIA

Magenta 45
Branco 46
Preto 47
Cinza 48

Capítulo 4. As cores da nossa aura 49
A aura humana 51
Os nadis 53
Os chakras 55

Capítulo 5. A cor como terapia 72
Respiração de cores 73
Visualização 74
Meditação 76
Uso de roupas coloridas 77
Absorção da cor por meio dos alimentos 79
As cores na natureza 80

Capítulo 6. A expressão da cor na arte 82
A arte através dos tempos 82
Arte como terapia 84
A expressão terapêutica do som por meio da cor 87

Capítulo 7. Mandala 88
1. Os sete degraus cósmicos 89
2. Seres de luz 91
3. O oitavo degrau 93
4. O caduceu 95
5. O vôo 97
6. O homem 98
7. Os elementais 100
8. Proteção 102
9. Integração 104

SUMÁRIO

Capítulo 8. A cor em casa e no jardim 106
As cores em casa 107
As cores no jardim 115

Bibliografia recomendada 119

Introdução

A cor é um fenômeno maravilhoso que está sempre se manifestando diante de nós. Podemos observá-lo na natureza se repararmos na variedade de cores das flores, folhagens e árvores, que, com a mudança das estações, passam do verde primaveril para o verde-escuro do verão e depois para os diferentes tons de vermelho, laranja, amarelo e marrom do outono. A cor é encontrada na plumagem dos pássaros, exibida em seu esplendor pelo macho quando pretende conquistar a fêmea. Percebemos as cores translúcidas das pedras preciosas que se desenvolvem nas entranhas da terra e manifestam sua energia luminosa quando são extraídas e trazidas à superfície.

Testemunhamos também o milagre da cor no incrível espetáculo das luzes polares, conhecido como aurora boreal, e no arco-íris que atravessa o céu quando o sol aparece depois de uma tempestade. Para os povos escandinavos, o arco-íris era a ponte que os heróis mortos em combate atravessavam para receber suas recompensas no Valhala, o lugar de bem-aventurança para as almas dos heróis; os gregos o viam como Íris, o mensageiro dos deuses, e os groenlandeses diziam que ele era a bainha do manto de Deus.

Fique quieto por um momento e olhe à sua volta. Observe as inúmeras cores entrelaçadas no espaço que o circunda e nas roupas que você está usando. Se está lendo este livro em casa, pense no motivo que o levou a escolher as cores do seu quarto. Foi porque são as suas preferidas ou porque elas exercem algum efeito físico ou psicológico específico sobre você? Faça a mesma pergunta também com respeito à cor das roupas que você está usando. Como cada cor vibra numa determinada freqüência, cada uma tem um efeito específico sobre nós: as cores produzidas pelo reflexo da luz têm um efeito mais forte do que as produzidas por pigmentos. Podemos obter muitas informações a respeito de uma pessoa observando as cores que ela usa.

As pessoas que trabalham com a cor, como os pintores, decoradores e cromoterapeutas, ficam sensíveis à energia vibratória das cores. Essa sensibilidade torna-os capazes de escolher a cor ou as cores que lhes são benéficas física, emocional, mental e espiritualmente. Uma vez escolhidas as cores, existem muitas formas de trabalhar com elas.

Os seres humanos são seres de luz. Somos envolvidos e permeados por um arco-íris de luz em constante mutação, conhecido como aura. A cor da aura, ou a ausência de cor nela, reflete nosso estado de espírito e de saúde. Acredito que o corpo físico seja apenas um veículo de manifestação de nossos sentimentos e pensamentos. A doença começa na aura e, se não for erradicada nesse estágio, se manifestará no corpo físico. Como é verdadeira a expressão: "Sinto-me sem cor."* Se acreditamos que somos seres de luz, não deveríamos também acreditar que podemos ser curados pela freqüência vibratória da cor que a luz tem? Acredito que podemos e que a medicina vibracional, abarcando tanto a luz como o som, será a medicina do futuro.

O objetivo deste livro é proporcionar maior entendimento e maior consciência da cor para todos aqueles que se sentem atraídos por ela ou querem saber mais sobre sua energia vibratória. Ele também descreve os vários modos como essa energia pode ser usada.

Examinando como a cor aparece na natureza e seus significados simbólicos nas diferentes culturas, este livro pretende ensinar como desenvolver a sensibilidade para as cores e revelar as qualidades próprias de cada uma, como elas se manifestam e a diferença entre

---

* No original, "I feel off colour". Expressão coloquial que quer dizer "Não me sinto bem". (N. da T.)

as cores resultantes do reflexo da luz e as produzidas por pigmentos. O livro estuda ainda o campo eletromagnético, ou aura, que envolve todos os seres vivos, e oferece sugestões para o uso benéfico da cor em casa, no jardim e no vestuário, além de exercícios práticos que vão ajudá-lo em sua apreciação das cores, para que você aprenda a usar as qualidades positivas do espectro.

Trabalho com a cor há aproximadamente quinze anos. Senti-me atraída por ela pela primeira vez ao estudar ioga. Lia tudo o que encontrava sobre o assunto e mais tarde formei-me terapeuta da cor. Trabalhando terapeuticamente com a cor, em conjunto com a ioga e a reflexologia, pude testemunhar e vivenciar os resultados maravilhosos que ela proporciona. Tente visualizar o quanto o mundo seria sombrio e sem graça se não existisse a cor.

1 A cor no mundo

A percepção da cor é uma experiência direta, pois ela atua diretamente sobre as emoções, apesar de ser também curiosamente abstrata. Ela nos afeta física, psicológica, mental, emocional e espiritualmente, e está expressa nos símbolos religiosos de todos os tempos.
Sabe-se que a cor existe desde o começo dos tempos e aparece tanto no reino vegetal quanto no reino animal. Pode expressar medo, perigo, alegria, morte, nascimento e puberdade. É usada para agradar aos deuses e também como forma de proteção.

O mundo vegetal

A cor é um dom da evolução que foi explorado pelo mundo vegetal para sua sobrevivência. As flores desenvolveram cores que atraem apenas os insetos capazes de espalhar o pólen para a fertilização. As flores brancas da iúca atraem as mariposas que voam durante a noite e coletam e transportam os grãos de pólen.

Os pigmentos carotenóides do vermelho, do laranja e do amarelo, que colorem as pétalas de flores como as tulipas, os dentes-de-leão e os crisântemos, atuam como uma peneira para proteger o delicado tecido da planta dos danos da radiação atmosférica. As flores e plantas do espectro azul-vermelho, como a amora-preta, o repolho roxo, as rosas e os gerânios, ganham sua cor das antocianinas, substâncias que atuam como indicadores naturais de alteração no nível de acidez da seiva vegetal, na qual elas estão diluídas. É, portanto, possível que protejam a planta dos efeitos da deficiência mineral, bem como dos altos níveis de radiação.

O mundo animal

As cores dos animais podem também ser resultado do modo como a natureza garante a sobrevivência dos mais aptos. A cor que cada espécie possui desenvolveu-se para o reconhecimento da presa, e também para o reconhecimento mútuo. A função que a cor de um animal exerce na procura por alimento pode ser observada na aranha-caranguejo de Bornéu. Sua forma e sua cor a tornam semelhante às fezes dos pássaros brancos, e ela captura os insetos que se alimentam das fezes desses pássaros.

As cores exibidas pelos animais são também usadas para atrair o semelhante do sexo oposto e para a camuflagem. Os animais que vivem em regiões nevadas costumam ter a cor branca; os que vivem na floresta em geral são verdes ou marrons.

Os animais e os insetos mais venenosos apresentam cores fortes com padrões intensamente contrastantes. Isso alerta os prováveis predadores para que os deixem em paz. Existem animais que são capazes de "imitar" e usar a coloração das espécies venenosas como forma de proteção.

Comunidades tribais primitivas

Retrocedendo às comunidades humanas primitivas, descobrimos que a cor era usada para pintar o corpo e nos rituais. Quanto mais se investiga o simbolismo das cores usadas pelas várias tribos nas diferentes partes do mundo, mais se constata que não é possível atribuir-

A COR NO MUNDO

lhes nenhum significado absoluto. As cores mais amplamente usadas eram o vermelho, o preto e o branco, mais provavelmente porque essas cores eram facilmente encontradas. O vermelho era obtido do ocre, um pigmento natural composto de argila fina e óxido de ferro; o preto era extraído do solo e do carvão; o branco era derivado da argila.

O simbolismo dessas cores mudava de acordo com o contexto ritualístico. O branco, como sêmen, significava o poder de procriação do macho; como leite, era um símbolo feminino usado nas cerimônias de iniciação das meninas; como água, era relacionado com a pureza espiritual. O vermelho do sangue era sinônimo de poder, usado para o bem ou para o mal. O vermelho ocre, quando empregado para pintar uma sepultura ou um cadáver, simbolizava a renovação da vida após a morte. O preto significava a morte e o luto. Era usado nos ritos de circuncisão para representar a morte da criança e a passagem para a vida adulta.

O significado mais comum do ato de enfeitar-se entre as comunidades tribais era uma forma de identificação. Certos padrões e cores permitiam que os membros de uma mesma tribo se identificassem mutuamente. A cor era usada de maneira semelhante em situações importantes da vida da pessoa, como a gravidez, o nascimento, a puberdade, o casamento e a morte.

Em ocasiões especiais, toda a comunidade usava uma determinada cor. Nos rituais de fertilidade, o preto servia para atrair as nuvens negras carregadas de chuva. Em algumas tribos, os homens usavam a cor preta para proteger-se do "Olho Grande". Eles acreditavam que com essa cor ficavam mais temíveis. Em tempos de guerra, os homens adornavam-se com folhas cinzentas e carvão. Em certas tribos, quando um membro morria, as mulheres cobriam-se de barro branco em sinal de luto. A razão disso podia estar no fato de que o branco era associado aos espíritos dos ancestrais.

Quando um membro da tribo ficava velho, deixava de adornar o corpo. Em vez disso, usava uma vestimenta simples. O corpo não era mais visto como algo belo, por isso devia ficar coberto.

A cor era e continua sendo associada à alquimia, uma forma antiga de química que surgiu em Alexandria por volta do ano 100 de nossa era e sobreviveu por quinze séculos antes de dar lugar à moderna ciência. Os alquimistas acreditavam que metais comuns, como o chumbo e o ferro, podiam ser transformados em ouro. O ouro era considerado a essência do Sol, o equilíbrio de todas as propriedades metálicas. O significado esotérico da transformação de metais comuns em ouro é a transmutação da alma.

Idade Média

O psiquiatra suíço Carl Gustav Jung (1875-1961) sentiu-se atraído a explorar a alquimia medieval para tentar descobrir o significado da constante recorrência de certos símbolos e cores nos sonhos e pinturas de seus pacientes. Em 1930, ele encontrou alguns antigos textos alquímicos que demonstravam o papel vital que a cor exercia nessa ciência. Os textos explicavam que as diferentes tonalidades que surgiam quando o alquimista transmutava as substâncias em seu cadinho, simbolizavam cada estágio da transformação interna pela qual ele estava passando. Esse processo foi chamado de *Magnum Opus*, que significa "Grande Obra". Quando Jung comparou as cores e os símbolos que apareciam nos sonhos de seus pacientes com as cores e os símbolos que descreviam a composição alquímica, percebeu que eles eram os mesmos. As cores básicas usadas pelos alquimistas eram o verde, o preto, o branco, o vermelho e o dourado.

O verde estava representado no leão ou no dragão, simbolizando o começo da Grande Obra, a preparação para sua ciência. O primeiro estágio da Grande Obra era comparado ao preto, que não contém nenhuma cor. O segundo estágio era inspirado na cor branca, representando o mercúrio, a Lua e o princípio feminino, bem como a pureza da luz não fragmentada. O vermelho era a cor atribuída ao terceiro estágio. Essa cor era associada ao princípio masculino, ao Sol e ao enxofre. O ouro era considerado o apogeu da cor.

Durante a Idade Média, muitos dos símbolos e cores alquímicos foram adaptados para serem usados pela Igreja cristã. Essa instituição dividiu a vida humana em quatro estágios principais: batismo, crisma, casamento e morte. Os rituais que celebram esses estágios eram realizados em meio aos matizes suaves dos vitrais e das imagens. A maravilhosa combinação de cores exibida nos vitrais surgiu já no século VI. Esses vitrais nas igrejas tinham duas finalidades. A primeira era, numa época de analfabetismo quase total, possibilitar o entendimento das lendas bíblicas, representadas nas cores luminosas do vidro. E a segunda, irradiar a luz para iluminar a mente das pessoas. Esperava-se que os fiéis viajassem através dessa luz para compreender a luz mais abrangente de Deus.

O mundo religioso

A Igreja cristã

As cores adotadas pela Igreja cristã têm sua própria linguagem, e as cores dos paramentos usados pelos sacerdotes que oficiam as cerimônias são simbólicas de cada ocasião.

O cristianismo associou o preto ao mal e ao inferno. Um dos nomes dados a Satanás é "Príncipe das Trevas". O preto, a cor do luto, era usado pelo sacerdote na missa de réquiem.

Na semana de Pentecostes e nos dias de celebração dos mártires, os sacerdotes usam vermelho, porque simboliza o fogo pentecostal e a Paixão de Cristo. O vermelho do capelo dos cardeais lembra que a função deles é defender a Igreja, mesmo à custa de derramamento de sangue.

O amarelo é associado com a santidade e a divindade, e é a cor usada nos dias comemorativos dos confessores.

A cor identificada com a imortalidade, a esperança e o fortalecimento do Espírito Santo nos seres humanos é o verde primaveril. Na

Idade Média, essa cor era associada às comemorações dos dias da Trindade e de Reis no calendário da Igreja. O verde simbolizava o início de um novo ano, significando a provisão das necessidades humanas por Deus.

À "Grande Mãe", conhecida em muitas religiões como a "Rainha do Céu", é atribuída a cor azul. É a cor associada à Virgem Maria, a mãe de Cristo. Para os cristãos essa cor está relacionada com a verdade e a eternidade.

Na Idade Média, a cor púrpura era considerada a mais sagrada. A razão disso pode ter sido sua escassez e alto custo. A púrpura é derivada do vermelho e do azul. O azul representa o espírito, e o vermelho, o sangue. Por essa razão, a púrpura era, e continua sendo, usada no tempo pascal para simbolizar a penitência dos pecadores e o sofrimento de Cristo. Essa era também a cor que caracterizava a função e a autoridade clericais.

O dourado é muito presente na arte sacra. É a cor da auréola em volta da cabeça dos santos e dos seres iluminados, e também representa Deus como luz original e poder divino.

O branco é a cor da iluminação, da pureza e da inocência. É a cor dos santos que não foram martirizados, bem como das importantes festividades da Páscoa, do Natal, de Reis e da Ascensão.

O cinza e o marrom representam a renúncia do corpo em favor da imortalidade da alma, por isso os hábitos de certas ordens religiosas são dessas cores.

Budismo

O budismo, uma das grandes religiões do mundo, surgiu na Índia, de onde se espalhou para outras partes da Ásia. Essa religião também faz uso das cores em seus símbolos. O preto, a cor complementar do branco, representa as trevas da submissão, enquanto o marrom representa a terra. O vermelho é relacionado com a vida, a criatividade e a atividade. O laranja, com o amor e a felicidade. Ele se reflete no fruto abençoado da cidreira. Considera-se que esse fruto tem semelhança com a forma da mão do Buda.

Uma das cores que os budistas consideram mais sagradas é o amarelo. As imagens do Buda freqüentemente o retratam usando um manto amarelo. O amarelo-alaranjado dos mantos usados pelos monges budistas simboliza a renúncia, o desapego e a humildade. Outra cor sagrada é o dourado, que simboliza Deus como luz original e poder divino. Essa cor está intimamente relacionada ao branco, que representa a consciência pura e a iluminação, condições necessárias para alcançar a experiência de união com a luz e o poder da realidade última, ou seja, Deus.

Segundo a teoria budista, a cor que representa a vida é o verde primaveril, mas a cor atribuída à morte é o verde-claro. O azul é reconhecido como uma cor fria associada à serenidade do céu e dos mares, à paz e à tranqüilidade.

Hinduísmo

As qualidades atribuídas pelo budismo a algumas cores são as mesmas atribuídas pelo hinduísmo. As cores que têm atributos diferentes são o preto, o azul, o dourado e o branco.

A cor preta é associada com a condição mais baixa do ser, conhecida como *tamas*. Essa condição se traduz em letargia e sensualidade. O branco é associado com a condição suprema, *sattva*, que representa a paz e a verdade divina.

Para os hindus, o dourado significa imortalidade, luz e verdade. Essa cor é associada a Agni, o deus hindu do fogo e uma das três grandes divindades. Outro deus ao qual os hindus atribuem cor é Indra, o rei do céu, que é sempre representado usando um manto azul.

Judaísmo

As principais cores usadas na religião judaica têm origem na Árvore da Vida da Cabala judaica. Essa árvore simboliza toda a criação e acredita-se que ela cresceu no meio da Cidade Santa.

O preto representa o conhecimento e o domínio; o azul representa a compaixão; o verde, a vitória; o cinza, a sabedoria; o laranja, o esplendor; o vermelho, o vigor; o violeta, o fundamento; o branco a alegria e a purificação; o amarelo, a beleza.

Ameríndios

Os ameríndios, nome dado aos nativos do continente americano, eram também conhecidos como "homens vermelhos" ou "peles-vermelhas". Eles adoram os espíritos e acreditam que eles protegem as tribos e suas posses. Sabem pintar muito bem e usam a pintura para adornar o corpo.

Para eles, o preto representa o norte, o luto e a noite. O azul representa o céu e a paz. O vermelho significa alegria, fertilidade e o rubor do dia em oposição ao negrume da noite. A sacralidade é representada pelo branco, e o amarelo é a cor do pôr-do-sol.

Religiões antigas

Os pagãos medievais acreditavam que o mundo foi criado a partir dos quatro elementos. A cada um desses elementos era atribuída uma cor. A terra era identificada com o preto; a água com o branco; o fogo com o vermelho; e o ar com o amarelo. O corpo físico era visto como um microcosmo e nele os elementos assumiam a forma dos fluidos do corpo. Por isso, a terra e a cor preta eram associadas com a bílis; a água e o branco, com o catarro; o fogo e o vermelho, com o sangue; e o ar e o amarelo, com a bílis amarela.

As estações do ano e as fases da vida

Na Idade Média, as cores eram relacionadas com os ritos correspondentes às quatro estações. Para os camponeses, a agricultura era um importante meio de vida. O alimento provido pelas estações dava sustento e nutrição. Para eles, o preto representava a terra, o ventre sagrado que nutria as sementes até que elas germinassem na primavera. O verde simbolizava a primavera e a nova vida, e o marrom, o declínio, o repouso e a preparação de um novo ciclo.

As estações eram relacionadas com deuses e deusas particulares na Grécia antiga, e cada um deles era retratado vestido com a cor que lhe era atribuída. A primavera era de Ártemis e sua cor era o amarelo; o verão era associado a Atena e ao branco; o preto representava o inverno e era relacionado com os deuses do mundo inferior; o outono era associado a Dioniso, o deus do vinho, e à cor vermelha.

As quatro estações com suas cores correspondentes simbolizavam muitas vezes as quatro fases da vida. O nascimento era em geral associado ao branco. Nas ilhas Trobriand, as mulheres grávidas cobrem-se com mantos especiais para manter-se na "condição branca", considerada favorável à suavidade e à fertilidade. O branco é também relacionado com a puberdade. Os meninos da África ocidental são pintados com essa cor para representar tanto os espíritos brancos de seus antepassados quanto o sêmen branco de sua emergente maturidade. O branco é, também, a cor do casamento. Nesse contexto, ele significa não apenas a pureza, mas também a mudança que ocorre quando a mulher entra nessa fase da vida. Ela está deixando os pais para começar uma nova vida com o marido. A noiva hindu usa um vestido amarelo para representar a fartura da colheita. Em alguns países, é costume os convidados usarem vermelho na cerimônia de casamento, para representar o amor, o sexo e o prazer.

O fim da vida terrena e a passagem para a outra vida são associados a uma grande variedade de cores, dependendo do país e de suas tradições. Na Europa, as viúvas vestem-se de preto, cor relacionada à morte e ao luto. Na China e em outros países do Oriente, a cor do luto é o branco, que tem muitos significados. Ele representa o estado da alma que passou da morada terrena para a espiritual. A cor da roupa não tingida é o branco, que significa sofrimento e humildade em algumas culturas. Em lugares como Bali e as Antilhas, no entanto, onde se acredita que o espírito vai para um lugar muito melhor depois da morte física, são usadas cores vivas e alegres para celebrar essa passagem.

Os planetas

Na Idade Média, as sete cores correspondiam aos planetas, e a cada uma delas eram atribuídos uma pedra preciosa e um metal.

O amarelo/dourado representava o Sol e era associado ao ouro e ao topázio; o branco/prateado correspondia à Lua, à prata e à péro-

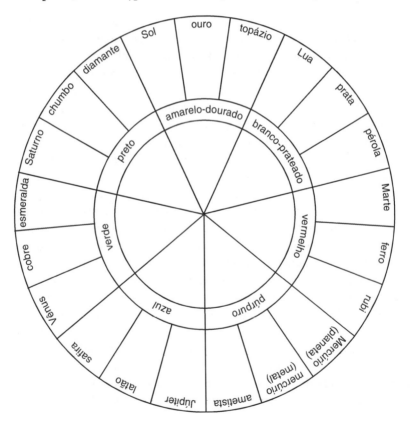

la; o vermelho era associado a Marte, ao ferro e ao rubi; a púrpura, ao planeta Mercúrio, ao metal mercúrio e à ametista; o azul era a cor de Júpiter, do latão e da safira; o verde representava Vênus, o cobre e a esmeralda; o preto simbolizava Saturno e também o chumbo e o diamante.

China

Na China, um país que tem tradição alquímica reconhecidamente mais antiga que a da Europa, a medicina trabalha com cinco elementos. A acupuntura, técnica que tem origem na medicina clássica chinesa, baseia-se na idéia de que a energia vital, ou *chi*, circula no corpo através dos meridianos. Esses meridianos, que são bilaterais, são ou "yin" ou "yang", dependendo do sentido que *chi* segue. Cada meridiano tem uma ramificação interna e outra externa. A ramificação interna atravessa um dos órgãos mais importantes do corpo físico, do qual o meridiano recebe o nome. Os chineses acreditam que as funções fisiológicas fundamentam-se no sistema humoral que compreende os cinco elementos. Além de trabalhar com os aspectos yin e yang dos meridianos, a acupuntura chinesa tradicional trabalha com esses elementos e seus atributos, um dos quais é a cor.

Os chineses associam o amarelo com a terra; o branco, com o ar (metal); o azul, com a água; o verde, com a madeira (éter) ; o vermelho, com o fogo. Acreditam que o momento ideal para tratar um meridiano é quando ele atinge seu *chi* potencial. Isso ocorre em duas horas de cada período de 24.

Os modos de usar a cor, bem como seu poder, são ilimitados. Ela nos influencia e manipula em todas as áreas da vida. Johann Wolfgang Goethe, autor de *Farbenlehre* (Teoria da cor), achava que os efeitos da cor estão diretamente relacionados com as emoções. Ele considerava o vermelho e o amarelo como cores "mais", ou "aditivas", porque elas incitam sentimentos vivos e excitantes. As cores "menos", ou "subtrativas", eram o azul, o verde e o vermelho

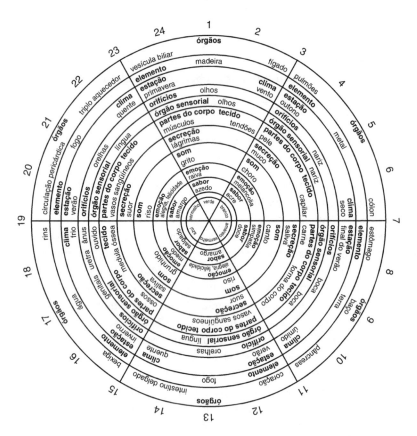

azulado. Ele as descreveu como incitadoras de sentimentos de desassossego e ansiedade.

Para a maioria das pessoas, as cores da extremidade quente do espectro, ou seja, o vermelho, o laranja e o amarelo, são vivas, estimulantes, provocantes e excitantes. As cores da extremidade fria do espectro, compreendendo o turquesa, o azul e o violeta, criam a sensação de expansão e uma certa atmosfera mística, além de paz e melancolia. A cor que fica no centro é o verde. Em algumas pessoas, essa cor evoca a paz e a tranqüilidade do campo, enquanto em outras ela provoca náusea.

Todos nós podemos fazer com que as cores atuem a nosso favor, examinando o impacto que elas causam em nossa psique e dedicando algum tempo para observar e aprender sobre os vários matizes das cores que constituem a luz visível.

Exercício

Para fazer este exercício simples, e também os outros exercícios deste livro, você vai precisar de um estojo de giz de cera ou lápis de cor. Pinte os dois desenhos deste capítulo com as cores indicadas. Você pode colorir apenas o círculo interno, onde estão impressos os nomes das cores, ou o círculo todo. Se colorir todo o círculo, use tons mais escuros na parte interna e vá clareando na direção da parte externa.

2 A manifestação da cor

No princípio, existia a sagrada escuridão,
De onde surgiu a luz,
A luz e a escuridão dançaram a dança da criação,
E surgiram as cores do espectro.

— Theo Gimbel

Em todos os momentos de nossa vida desperta, a cor nos afeta emocional, física, mental e psicologicamente, e quando dormimos ela penetra em nossos sonhos. Mas, apesar disso, ela é em geral tomada como óbvia e não é levada em consideração pela maioria das pessoas. Uma de suas manifestações mais espetaculares é o arco-íris.

Durante séculos, as causas do aparecimento daquelas faixas de cores vívidas no céu depois de uma tempestade, sempre na mesma ordem, permaneceram misteriosas. Desde o tempo de Aristóteles os filósofos tentavam explicar esse fenômeno. Eles acreditavam que as cores resultavam de diferentes combinações de luz e sombra. Afirmavam que a luz mais pura e brilhante era a luz branca, que, quando misturada com um pouco de escuro ou "sombra", resultava no vermelho. Se ocorresse maior proporção de escuro, o resultado seria o surgimento do verde. Eles acreditavam que o azul fosse a cor mais próxima do preto e que, portanto, para produzir essa cor fosse necessária uma grande quantidade de "sombra".

O espectro das cores

A verdade sobre como é criado o espectro das cores foi descoberta acidentalmente por *sir* Isaac Newton em 1665. Enquanto investigava algo totalmente diferente, Newton descobriu que, quando fazia a luz do Sol passar por um prisma, ela se refratava, produzindo com isso o espectro. Ele suspeitou que primeiro as cores produzidas pelo prisma tinham que se fundir na luz branca, e que elas se tornavam visíveis apenas porque cada cor tinha um ângulo diferente de refração. Newton testou essa teoria colocando um segundo prisma invertido no caminho do espectro formado pelo primeiro. O prisma invertido fez as cores se recombinarem em luz branca.

Com essa experiência, ele concluiu que a luz se compõe de uma série de ondas, cada uma com um comprimento e uma freqüência. Quando essas ondas penetram em um prisma, cada uma delas se refrata em determinado ângulo. Ele observou ainda que a luz vermelha, com o maior comprimento de onda e a menor freqüência, tem o menor ângulo de refração, e que o violeta, com o menor comprimento de onda e a maior freqüência, tem o maior ângulo de refração.

O arco-íris aparece quando os raios do Sol se refratam através das gotas de chuva. Normalmente, o arco-íris aparece como um simples arco, mas se as gotas de chuva forem suficientemente grandes para que um pouco da luz solar se reflita duas vezes dentro delas, surge um segundo arco-íris. Esse segundo arco-íris aparece sobre o primeiro, mas suas cores são sempre mais fracas e em ordem inversa. Sabe-se também que, quanto maiores forem as gotas de chuva, mais pura e luminosa será a aparência das cores refratadas.

Na realidade, a natureza não contém nenhuma cor. Contém apenas os inúmeros comprimentos de onda que compõem a luz. Esses comprimentos de onda são absorvidos e refletidos por tudo que os cerca. Esse reflexo penetra em nossos olhos e atinge seu revestimento interno, a retina, que contém células bastonetes e células cônicas. Existem três tipos de células cônicas, que são responsáveis pela visão da cor à luz do dia e sensíveis aos comprimentos de onda do vermelho, do azul e do verde. As células bastonetes assumem o controle quando a luz começa a diminuir, e são consideradas mais sensíveis à luz azul/verde. Elas têm também a capacidade de distinguir claramente entre luz e sombra. Quando a luz atinge a retina, as células bastonetes e cônicas transmitem os sinais que a luz dispara, através do nervo óptico, para o centro visual na parte de trás do cérebro. É só quando isso ocorre que "vemos" as cores. Para vermos a luz branca, os comprimentos de onda de todas as cores têm de atingir a retina ao mesmo tempo.

A teoria quântica

As cores existentes na natureza, nas roupas que usamos e na decoração de nossas casas não poderiam existir sem a energia da luz. Essa questão só foi totalmente esclarecida com o desenvolvimento da teoria quântica.

Essa teoria foi formulada em 1887 pelo físico Philipp Lenard. Ele descobriu que certos metais emitem elétrons. Quando esses elétrons absorvem luz, passa a circular uma corrente elétrica. Na época dessa descoberta, o que se conhecia a respeito das propriedades da luz não conseguia explicar essa suposição. Foi só em 1900 que um físico alemão, Max Planck, apresentou a teoria de que a energia só pode ser liberada ou absorvida em blocos/pacotes, ou quanta. A energia tem muitas formas e é derivada do átomo. Os átomos têm um núcleo de carga positiva circundado por elétrons de carga negativa. A carga positiva do núcleo é neutralizada pela carga negativa dos elétrons que o circundam.

Foi Albert Einstein, físico suíço-alemão, quem provou que a luz é composta de pequenos blocos de energia, ou quanta. Ele deu a esses quanta o nome de fótons. Na luz, o quantum tem a menor quantidade de luz de qualquer comprimento dado que pode interagir com a matéria.

As cores do espectro, com suas diversas tonalidades, são compostas de fótons. Quanto maior o comprimento de onda, maior o espaço entre os fótons. Nas cores azul, índigo e violeta, os comprimentos de onda são curtos com fótons compactados; é por isso que essas cores contêm o máximo de energia. Nas cores da outra extremidade do espectro, ou seja, o vermelho, o laranja e o amarelo, os comprimentos de onda são longos, por isso, elas contêm menos energia. Quando a luz recai sobre um objeto, alguns de seus fótons são absorvidos, alguns são transmitidos, e outros, refletidos. Os fótons que são absorvidos precisam ter vibração suficiente para interagir com os elétrons que orbitam no interior das cápsulas atômicas do objeto. Os elétrons, depois de absorverem a quantidade mínima de energia dos fótons, passam a ter uma freqüência maior na qual a energia absorvida é então liberada como uma quantidade imensuravelmente pequena de calor. Os fótons que não têm vibração suficiente para mobilizar os elétrons são refletidos e vistos pelo olho como cor.

Toda matéria tem capacidade de absorver e refletir diferentes graus de luz, mas as misturas de pigmentos são os agentes mais eficazes de absorção seletiva.

Mistura de cores

Se misturarmos cores refletidas pela luz, o resultado será diferente da mistura de pigmentos coloridos. Quando Isaac Newton realizou seus experimentos para desintegrar a luz, usou todas as cores do espectro para produzir a luz branca. Experimentos posteriores demonstraram que são necessárias apenas três das cores primárias "aditivas" para produzir a luz branca: o vermelho-alaranjado, o verde e o azul-violeta. Se três refletores dessas cores forem acendidos simultaneamente, de maneira que se sobreponham, no ponto em que eles se encontram surgirá a luz branca; no ponto em que duas

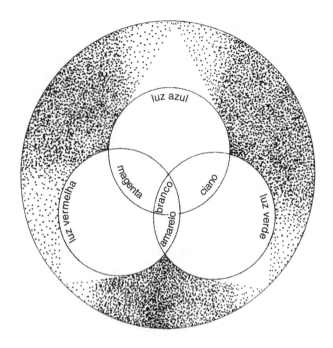

das cores primárias aditivas se combinam, surgirão as cores secundárias ciano, amarelo e magenta.

Quando se trabalha com pigmentos coloridos, as regras aplicadas são outras. Os pigmentos das cores primárias, que não podem ser criados pela mistura de outras cores, são o vermelho, o amarelo e o azul. Se essas três cores são misturadas em proporções iguais, cria-se o cinza. Os pigmentos das cores secundárias são o laranja, o verde e o violeta, que são criados pela mistura em proporções iguais de duas cores primárias. O laranja é criado pela mistura do vermelho com o amarelo; o verde é criado pela mistura do amarelo com o azul, e o violeta é uma combinação do azul com o vermelho.

Exercício

1. Cores secundárias

Pode-se fazer a experiência de mistura de cores com um disco colorido.

Você vai precisar de uma rolha, um palito de fósforo, um disco de cartolina com cinco centímetros de raio, vários discos de papel branco com o mesmo raio e um pequeno pedaço de fita adesiva de dupla face. Corte um pedaço de rolha de cerca de um centímetro de comprimento. Remova a cabeça do palito e faça uma ponta na extremidade. Faça um pequeno furo no centro do disco de cartolina e enfie o palito de fósforo até a metade. Finque a ponta do palito no centro da rolha, até que o disco de cartolina se apóie nela. Retire o disco e cole no centro a fita adesiva, depois atravesse-a com o palito, de modo que ela fique entre o disco e a rolha. Pronto. Você acabou de construir um dispositivo giratório muito simples.

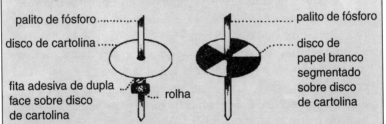

Divida cada um dos discos de papel branco em seis partes iguais. Pinte as partes alternadas em cada um dos discos de papel com duas das cores primárias. Em um disco você pode usar amarelo e azul; no outro, vermelho e azul. Depois, faça um furo no centro do disco que permita passar o palito de fósforo. Por fim, coloque o disco de papel sobre o dispositivo giratório e faça-o girar sobre uma superfície plana. Você verá surgir a cor secundária.

Isso ocorre porque a velocidade com a qual o dispositivo gira impede que os olhos distingam cada cor separadamente. Por isso, o cérebro junta as duas cores e produz a cor secundária.

2. Cores terciárias

Se misturarmos proporções iguais de uma cor primária e uma secundária, o resultado será uma cor terciária. As cores primárias, secundárias e terciárias formam o gradiente de cores que conhecemos. Nesse gradiente, a disposição das cores segue a mesma ordem do espectro.

Pinte o círculo básico com as cores indicadas em cada segmento. Cada uma das cores do gradiente tem uma cor complementar que pode ser encontrada na posição diretamente oposta. Os pares complementares são aqueles que, quando misturados na mesma proporção, produzem o cinza. Isso se aplica somente aos pigmentos de cores.

Para fazer a experiência da cor complementar, pegue uma folha de papel de tamanho A5 e pinte-a com uma das cores do círculo de cores. Então, coloque-a a uma distância confortável dos olhos. Fixe os olhos no papel até surgir um círculo luminoso em volta da extremidade externa. Transfira agora o olhar para uma parede branca ou uma segunda folha de papel branco. Você verá surgir a cor complementar. Quando tiver conseguido vê-la, volte o olhar para uma folha de papel preto e observe a diferença.

Isso acontece porque a sensibilidade dos receptores oculares, responsáveis pela cor que você esteve fitando, é reduzida. Isso faz que os outros receptores passem a ser dominantes, daí a razão do surgimento da cor complementar.

A qualidade da cor complementar que você percebe quando faz o exercício acima é semelhante à das cores da aura, que circundam e permeiam todos os seres vivos.

A MANIFESTAÇÃO DA COR 33

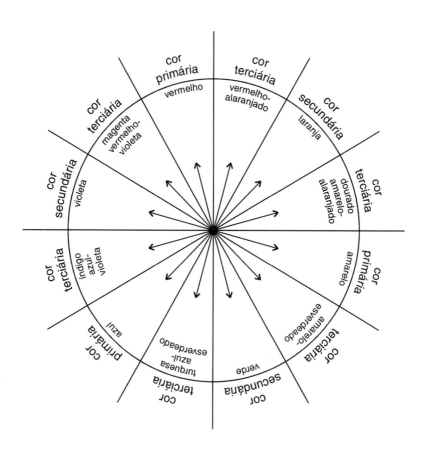

3. Gradiente de cores harmônicas

Recorte dois discos de cartolina branca. O primeiro deve ter 24 centímetros de diâmetro. O segundo deve ser um pouco menor. Dentro de cada um desses discos desenhe um círculo de 7,5 centímetros de diâmetro. Divida o disco maior em doze segmentos, começando da borda do círculo interno. Pinte cada um desses segmentos com a cor apropriada, seguindo a mesma

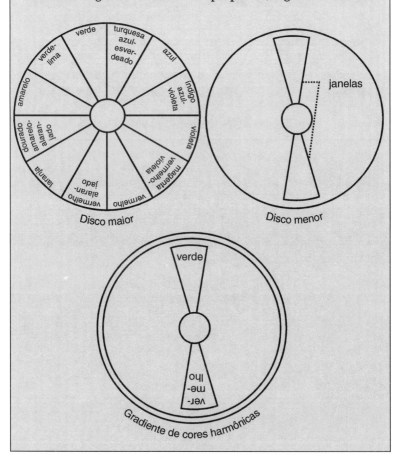

ordem do gradiente comum de cores. Então, pegue o disco menor e recorte duas janelas, uma oposta à outra. Elas devem ter as mesmas dimensões dos segmentos do disco maior e devem ir da borda do círculo interno até transpor a borda do círculo externo. Coloque agora o disco menor sobre o maior e junte-os no centro com um clipe. Girando o disco de cima, surgirão a cor e sua complementar.

3 As cores do espectro

O mundo em que vivemos está sempre nos cercando de cor. Ela está na natureza, nos tecidos e na decoração de interiores. Nós, seres humanos, nos acostumamos tanto com sua presença que deixamos de perceber sua beleza e perdemos a capacidade de sentir seus efeitos sobre nós. Se ao menos encontrássemos tempo para entrar em sintonia com sua presença curativa...

A cor tem o poder de nos afetar física, mental, emocional e espiritualmente. Quantas vezes você já sentiu seu espírito se exaltar ao ver um canteiro de jacintos ou ao percorrer um jardim cheio de flores exóticas? Quantas vezes recorremos à cor para expressar nosso estado emocional: "Ele estava vermelho de raiva"; "Fiquei verde de inveja"; "Ontem ela estava triste, mas hoje está vendo tudo cor-de-rosa".

Ninguém é capaz de explicar cientificamente por que a cor nos afeta emocionalmente. Há uma teoria que diz que quando a cor penetra no olho atinge diretamente o centro emocional situado no hipotálamo. Este, por sua vez, influencia a secreção da glândula pituitária, que atua sobre as outras glândulas endócrinas do organismo, cujos hormônios determinam nossos sentimentos e humores.

Gostar ou não de certas cores pode ter muitas causas. Gostar muito ou detestar pode ter relação com uma infância feliz ou infeliz.

Por outro lado, se você tem consciência do poder da cor e é sensível a ele, sua atração por certas cores pode apontar uma necessidade. Se não trabalhamos com a cor, dificilmente chegamos a ter consciência dela. Mas, se quisermos ter cor em nossa vida, temos que começar a prestar atenção nela e descobrir quais são as que nos trazem mais benefícios. Para isso, vamos examinar as propriedades características de cada uma das cores do espectro.

Vermelho

No espectro eletromagnético, o vermelho fica próximo do infravermelho e é a mais quente das cores quentes. Ele tem o maior comprimento de onda e a menor quantidade de energia de toda luz visível. O vermelho é a cor que chama a atenção. É ousado, imperativo, provocativo e causa excitação.

Os nomes dados a algumas de suas tonalidades são derivados da fonte que deu origem à cor. Carmim e carmesim têm origem na palavra latina *kermesinus*, nome da tintura extraída do inseto *kermes*. Vermelhão corresponde à antiga designação do sulfeto de mercúrio, cinábrio. Vermelho-rubi é derivado da raiz da planta *Rubia tinctoria*.

O vermelho é associado com o coração, a carne e as emoções. As emoções que são estimuladas por essa cor são o amor, a coragem, a luxúria e a raiva. O vermelho é também associado com a energia masculina e a agressividade.

O planeta Marte, conhecido como o planeta vermelho, tem o nome do deus da guerra. Na China, a bandeira vermelha simboliza a revolução. A expressão "vermelho de raiva", resultou da crença de que, quando uma pessoa fica furiosa, a aura ou campo eletromagnético que a circunda ganha um tom vermelho-escuro.

O vermelho é associado com a vida, muito provavelmente por ser a cor do sangue. Acreditava-se que o sangue guardasse o segredo da vida, por isso atribuíram-se poderes especiais a essa cor. É a cor associada com a sexualidade e com a excitação da energia sexual.

Talvez essa seja uma razão de ela ser recomendada para tratar a infertilidade.

A luxúria é um de seus aspectos negativos. Expressões do tipo "mulher escarlate" e "zona de luz vermelha" comprovam isso.

Para ver o vermelho, a lente do olho tem de adaptar-se. O ponto focal natural do olho fica atrás da retina, e isso faz com que os objetos vermelhos pareçam estar mais próximos do que estão na realidade. Assim, um ambiente inteiramente pintado de vermelho também parece ser menor.

Fisicamente, o vermelho faz aumentarem os batimentos cardíacos, provoca a liberação de adrenalina na corrente sangüínea e provoca uma sensação de calor. Por isso, é conveniente colocar luvas e meias vermelhas em mãos e pés frios. De acordo com o que diz Ronald Hunt no livro *The Seven Keys to Colour Healing (As Sete Chaves para a Cura pela Cor* – ver "Bibliografia recomendada"), o vermelho fragmenta os cristais férreos do sal em ferro e sal. Os glóbulos vermelhos absorvem o ferro, e o sal é eliminado pelos rins e pela pele. Isso faz do vermelho uma boa cor para o tratamento da anemia. Apesar de o raio vermelho ter pouca energia, seu efeito sobre a hemoglobina faz aumentar a energia física e melhorar a circulação.

O poder de constrição dessa cor a torna imprópria para quem sofre de asma. Também não são beneficiadas pelas qualidades dessa cor as pessoas que sofrem de hipertensão e *stress*.

As crianças tendem a sentir atração pelo vermelho. A razão disso pode ser sua tendência para ligar-se à terra. Considera-se que as crianças não se integram inteiramente à atmosfera terrestre até a puberdade. Embora elas possam gostar do vermelho, não é uma boa idéia deixá-las por muito tempo em ambientes dessa cor. Elas poderiam ficar irascíveis.

Quando o branco é misturado ao vermelho, o resultado é o rosa. Embora o rosa pertença ao espectro vermelho, tem atributos complementares. É uma cor feminina muito suave, associada com o amor espiritual incondicional. No aspecto físico, atua beneficamente sobre o sistema nervoso.

Do laranja ao marrom

O laranja é uma das cores associadas ao outono, pois é durante essa estação que as folhas das árvores ganham um tom laranja-queimado antes de esmaecer em muitos tons de marrom. Diz-se que essa cor teve seu nome tirado da fruta laranja. A palavra "laranja" é derivada da palavra árabe *nananj*, que significa fruta.

Essa cor é menos dinâmina e menos agressiva que o vermelho. Enquanto o vermelho representa a energia masculina, o laranja é o símbolo da suave energia feminina, a energia criativa.

O laranja pode ter conotações sexuais, devido ao fato de ser a cor predominante da energia do sacro, centro energético associado aos órgãos reprodutores da mulher. No passado, as sementes cor de laranja da romã eram consideradas afrodisíacas, e o costume de enfeitar as noivas com flores de laranjeira simbolizava a fertilidade.

O laranja é uma cor muito alegre e tem o poder de dar liberdade a pensamentos e sentimentos. Também dispersa a indolência do corpo físico, permitindo-lhe a expressão de movimentos naturais e joviais. Ainda no nível físico, essa cor, por sua capacidade de alterar a estrutura bioquímica, proporciona alívio da depressão. Além disso, tem um efeito antiespasmódico que faz dela uma cor eficaz no combate às dores e cãibras musculares.

Quando o laranja se torna marrom, psicologicamente passa a ser relacionado com conforto e segurança. O marrom é tido como uma cor melancólica, triste e insípida, mas pode também ter facetas glamurosas quando manifestado em metais como o cobre.

O marrom é uma cor muito natural por envolver a terra e a madeira. Ele está presente em todo o reino animal, sendo uma cor muito comum nos mamíferos. Quando usado pelos seres humanos, pode significar renúncia ao eu físico, mas pode ser também a manifestação externa de um bom organizador e disciplinador.

Do amarelo ao dourado

O amarelo é, entre todas as cores, a de maior reflexibilidade, e irradia-se para fora, ao contrário do azul e do verde, que parecem voltar-se para dentro. É uma cor relacionada com a primavera, quando surgem os narcisos amarelos, os açafrões, as prímulas, as forsítias e os jasmins de inverno. A maior parte do amarelo encontrado na natureza é resultado do pigmento do caroteno e, às vezes, da melanina. Nas frutas, o amarelo normalmente indica a presença de ferro e das vitaminas A e C.

O amarelo é a cor que representa a luz e é com freqüência tido como o símbolo da iluminação. Essa é uma das razões por que os monges budistas usam mantos amarelos.

O aspecto negativo do amarelo é a sua conotação de covardia. Isso pode ter surgido na Espanha do século XVI, quando as pessoas consideradas culpadas de heresia e traição eram obrigadas a usar amarelo antes de serem queimadas vivas.

O amarelo puro é uma cor muito viva. Ele irradia calor, inspiração e uma disposição solar. É associado com o intelecto e a inspiração mental. Embora essa cor seja propícia aos estudos, cercar-se dela por longos períodos pode provocar um estado de desligamento mental e emocional.

Na Inglaterra, o amarelo-vivo não é muito usado na moda, por não combinar com a pele rosada. Um vestido amarelo-vivo sobressai mais em dias ensolarados e em pessoas de pele morena ou bronzeada.

O amarelo é uma cor muito comum no mundo dos animais. Nos peixes tropicais, insetos picantes e sapos venenosos, ele atua como uma cor de advertência de perigo.

Os raios amarelos transportam correntes magnéticas positivas, estimulantes e inspiradoras. Isso faz dele uma cor terapêutica para quem tem problemas de pele e sofre de reumatismo e artrite.

Um pouco de laranja misturado ao amarelo-vivo resulta numa linda cor dourada. A palavra inglesa *"yellow"* (amarelo) é derivada do termo indo-europeu *ghdwo*, que tem relação com a palavra *"gold"* (ouro).

O ouro é o mais precioso dos metais. Os incas adoravam o Sol, e no idioma deles o ouro era "o sangue do Sol". Eles eram mestres em ourivesaria. Artesãos do mundo inteiro usam o ouro para simbolizar a glória do céu. Na Idade Média, ele era muito apreciado por seu brilho e amplamente utilizado na arte sacra, talvez por ter a cor da divindade. Era também usado, por seu calor, seu brilho e capacidade de refletir a luz, para dar mais vida aos mosaicos.

O dourado, sendo uma cor luminosa, traz vitalidade e energia para o sistema nervoso humano. Por isso, é de grande ajuda visualizar essa cor penetrando no corpo pelo alto da cabeça e percorrendo-o através da coluna vertebral.

Verde

O verde é a cor da dualidade. É composto do amarelo, a última das cores quentes, e do azul, a primeira das cores frias. O verde é relacionado tanto com a vida quanto com a sua deterioração. Como vida, ele surge com a nova folhagem da primavera; como deterioração, é a cor do mofo dos vegetais apodrecidos.

A mitologia egípcia atribui essa cor a Osíris, o deus da vegetação e da morte. Os gregos a associavam a Hermafrodita, que é considerado como sendo filho de Hermes, azul, e de Afrodite, amarela.

O verde é a cor do equilíbrio, capaz de estabilizar tanto a mente quanto as emoções. Nós, seres humanos, somos feitos de corpo, mente e espírito, e o verde tem o poder de harmonizar esses três aspectos e de integrá-los num todo único. Ele também atua no sentido de integrar os hemisférios esquerdo e direito do cérebro. É uma cor maravilhosa para a desintoxicação e eficaz no combate a certos problemas cardíacos.

Durante o dia, quandos as células cônicas dos olhos atuam em conjunto, elas são mais sensíveis à luz verde. A lente do olho focaliza a luz verde exatamente sobre a retina. Talvez por isso essa cor seja considerada muito repousante para os olhos. Se você trabalha a maior parte do dia sob luz artificial, procure passar a hora do almoço entre os diferentes tons de verde da natureza.

Nas salas de cirurgia dos hospitais, usa-se muito verde, tanto nos aventais de médicos e enfermeiros quanto nos lençóis que cobrem o paciente. A cor complementar ao verde é o vermelho, e há uma teoria que defende o uso do verde em hospitais para neutralizar os efeitos da concentração prolongada numa ferida aberta.

Os aspectos negativos relacionados com o verde são a náusea, o veneno, a inveja e o ciúme. Diz-se que pessoas com enjôo de mar "têm uma aparência verde" e que as dominadas pela inveja estão "verdes de inveja". Mas, apesar disso, a capacidade de equilíbrio dessa cor compensa o seu uso.

Exercício

A natureza é o melhor meio de integrar o verde e o equilíbrio à sua vida. Vá para o campo e caminhe por áreas verdes; sente-se sob a folhagem verde das árvores e respire as propriedades positivas atribuídas a essa cor. Se o tempo estiver quente e seco, ande descalço para absorver pelos pés a energia vibratória dessa cor. A natureza nos oferece o verde em abundância e, certamente, com um propósito.

Turquesa

O turquesa resulta da mistura do azul com o verde. Dependendo das proporções usadas, ele pode tender ou para o azul ou para o verde.

O turquesa era a cor nacional da Pérsia. A razão disso pode estar no fato de aquele país possuir algumas das mais antigas e preciosas pedras de turquesa. A palavra persa para designá-las é *Piruseh*, que significa alegria. Os antigos persas acreditavam que a turquesa tivesse um grande poder de proteção e a usavam como amuleto para se proteger do mal.

O turquesa é a primeira cor que aparece na extremidade fria do espectro. No nível físico, ele é benéfico no combate às inflamações, por ajudar a fortalecer o sistema imunológico e, assim como o azul, atuar contra a insônia.

Um conhecido meu que trabalha como terapeuta disse-me que alguns de seus pacientes tratados com essa cor sentiram a presença de golfinhos. Acredito que essas criaturas magníficas sejam altamente evoluídas e tenham enorme poder curativo. Posso muito bem acreditar que, de algum modo extraordinário, os golfinhos estão relacionados com essa cor suave, tranqüilizante e curativa.

Azul

O azul é associado, histórica e simbolicamente, desde a Antigüidade, à realeza. Diz-se que as pessoas da nobreza têm "sangue azul". Essa expressão é originária da Espanha. Os espanhóis acreditavam que as veias dos aristocratas fossem mais azuis que as dos plebeus.

Nos panteões tanto grego como romano o azul representava os deuses supremos, Zeus e Júpiter. Na religião cristã, a Virgem Maria é sempre apresentada vestindo um manto azul, que simboliza sua condição de "Rainha do Céu".

A expressão "uniforme azul" originou-se do azul-escuro das roupas usadas pelos camponeses chineses e pelos operários da indústria no Ocidente. Essa cor começou a ser usada porque a tinta azul era facilmente encontrada e, também, porque se considerava que o azul-escuro não ficava sujo tão facilmente quanto muitas outras cores.

Azul é a cor da inspiração, da devoção, da paz e da tranqüilidade. Esses atributos a tornam uma cor adequada para ambientes reservados para terapia, relaxamento ou meditação. É também uma cor eficaz no tratamento da hipertensão.

Diferentemente do vermelho, essa cor amplia os espaços e dá a sensação de expansão, oposta à de aperto causada pelo vermelho. Isso faz dela uma cor boa para os asmáticos. Como tem propriedades que proporcionam paz e tranqüilidade, o azul é excelente para quem sofre de *stress*, tensão, insônia e hipertensão.

No nível físico, o azul tem poucas qualidades negativas que se restringem à tristeza e à depressão. Por causar a impressão de amplitude, essa cor pode criar uma sensação de isolamento e solidão. Para neutralizar esse efeito, pode-se usar sua cor complementar, o laranja. A energia que essas duas cores juntas criam é a de alegria tranqüila ou de alegre tranqüilidade.

Índigo

O índigo é mais conhecido como o azul dos *jeans*. Essa cor originou-se da resistente planta índigo, encontrada em várias partes do mundo. A sua tintura tornou-se muito rara nos últimos anos da década de 1940, devido à pouca popularidade dessa cor e ao seu alto custo. Foi a revolução dos *jeans* na década de 1950 que recuperou sua popularidade.

A luz índigo é um potente analgésico; tem um poderoso efeito sobre os distúrbios mentais e a capacidade de limpar e purificar as correntes psíquicas do corpo.

Por pertencer ao espectro azul, o índigo tem alguns atributos negativos dos raios azuis. O principal é a possibilidade de causar depressão, solidão e isolamento.

Essa é a cor que domina o chakra frontal (ver página 68), e, por esse chakra estar relacionado com a intuição, o índigo é muito apreciado por sua capacidade de ajudar a recordar os sonhos.

Violeta

O violeta é a sétima cor da parte visível do espectro eletromagnético. Tem o comprimento de onda mais curto e contém o máximo de energia. No espectro eletromagnético, o violeta está próximo do ultravioleta, radiação que quase pode ser detectada pelo olho humano.

AS CORES DO ESPECTRO

Na natureza existem flores que irradiam luz ultravioleta. Elas atraem os insetos que vêem essa luz, importantes para a polinização da planta. O violeta é a cor do açafrão, da alfazema, do lilás e da violeta. Na Idade Média, a violeta era considerada uma planta medicinal. O óleo extraído dessa flor era empregado como sonífero. Hoje, o óleo de violeta continua a ser usado para dar sabor a bebidas e confeitos, além de ser também um delicioso perfume.

O violeta é uma mistura de vermelho com azul. Na Idade Média, era usado o pigmento do óxido de manganês para produzir vidro de cor violeta. O custo dessa tintura era muito alto, por isso só os ricos podiam comprá-la. Talvez por esse motivo o violeta tenha sido associado à realeza.

Os efeitos psicológicos causados por essa cor são o respeito por si mesmo, a dignidade e os sentimentos profundos. É uma cor relacionada com a espiritualidade, a experiência mística e a intuição. O violeta pode nos levar a um alto nível de consciência espiritual e representar o portal que temos de atravessar para alcançar nosso verdadeiro eu ou ser divino interior.

Constituído da energia vibrante do vermelho e das energias calmas e tranqüilas do azul, o violeta cria o equilíbrio entre essas duas cores. Como o vermelho representa a energia masculina, e o azul, a energia feminina, o violeta tem o poder de equilibrar essas duas energias no ser humano. Somente com a obtenção desse equilíbrio é que podemos ter acesso ao maravilhoso oceano cósmico do amor incondicional.

As propriedades negativas dessa cor estão relacionadas com o poder de manipular em causa própria e com o abuso do sexo.

O dr. Max Lüscher, no livro *The Lüscher Colour Test* (ver "Bibliografia recomendada"), diz que as pessoas emocionalmente imaturas e inseguras tendem a sentir-se atraídas por essa cor.

Magenta

A cor magenta é uma combinação do vermelho com o violeta. A tintura magenta foi produzida pela primeira vez pelos franceses, que lhe deram o nome *fucsina*, tirado da flor fúcsia (ou brinco-de-princesa). Ela foi rebatizada pelos italianos de magenta, nome de uma aldeia da Itália perto da qual foi travada uma batalha especialmente sangrenta entre a França e a Prússia.

Na moda, essa cor alcançou a popularidade do violeta durante a segunda metade do século XIX. Na década de 1960, o magenta era usado em combinação com o laranja para provocar o que se considerava uma vibração "psicodélica" que significava abraçar as mudanças e desafiar as leis e regulamentos vigentes. O símbolo externo dessa rebeldia era a combinação dessas duas cores opostas.

Algumas décadas atrás, um tom forte, vivo e intenso de magenta era chamado de "rosa-choque".

Nos planos físico, emocional e mental, o magenta é a cor do abandono, para deixar que as mudanças ocorram. Ele nos ajuda a abandonar antigos padrões de pensamento resultantes dos condicionamentos, a liberar velhas emoções do passado e a renunciar a objetivos físicos obsoletos. Quando conseguimos fazer isso, nos libertamos para seguir o fluxo da vida. Só então as mudanças necessárias para nosso desenvolvimento espiritual podem ocorrer.

Branco

O branco é a cor que contém todas as cores e reflete toda a luz. Nenhuma substância natural é branca como a neve. Para obter esse grau de brancura, o material tem de ser alvejado. O método mais antigo de alvejar a roupa é estendê-la na grama ao sol. O oxigênio liberado pela grama verde faz a roupa ficar branca, assim como a forte luz solar e o ar.

O branco é associado com a pureza, a inocência e a mudança. O simbolismo do vestido branco de noiva não se refere apenas à pureza e à inocência, mas também à mudança pela qual a noiva passa ao deixar seus pais e começar uma nova vida com o marido.

O branco representa o asseio e a esterilidade. Até a década de 1960, os objetos usados na cozinha eram invariavelmente brancos.

Nos consultórios médicos e dentários, o branco é usado para passar a idéia de ambientes limpos e esterilizados. Essa cor tem a característica de criar distanciamento e ampliar o espaço e, quando usada por terapeutas e profissionais da saúde, proporciona um distanciamento em relação aos pacientes.

O branco é abundante na natureza. É a cor exibida por uma infinita variedade de flores. Os animais que vivem no Ártico têm pele ou pêlo branco, que funciona como camuflagem sobre a neve branca.

Essa cor é fortemente identificada com a espiritualidade. Quando a mente é capaz de transcender o plano físico, surge a luz branca da consciência. Diz-se que os seres altamente desenvolvidos alcançaram o estado da iluminação.

A negatividade é pouco associada com o branco. A "mentira branca" ou a "magia branca", por exemplo, são inofensivas por natureza.

Preto

O preto é a escuridão máxima, a negação de todas as cores, mas sua totalidade é rara. Simbolicamente, o preto e o seu complemento, o branco, são o alfa e o ômega, o bem e o mal, o dia e a noite, o nascimento e a morte.

Na natureza essa cor é exceção. Não existe nenhuma flor naturalmente preta. As que parecem pretas foram criadas pela interferência humana. Encontrar um animal totalmente preto também é raro, mas, quando se encontra, a cor deve-se em geral ao pigmento melanina. É o mesmo pigmento que dá a cor da pele e do cabelo da raça negra.

As idéias associadas ao preto tendem em geral para a negatividade e o mal. Elas estão em expressões como, por exemplo, magia negra, mercado negro, ovelha negra, missa negra,... a lista não tem fim.

Os atributos positivos dessa cor são expressos muito raramente. O preto é a cor que contém todas as coisas e da qual surgiram todas as coisas. A escuridão da terra é o útero sagrado que abriga e nutre a semente em germinação. Também a escuridão sagrada do útero da mulher protege e alimenta o feto em crescimento. Talvez sua capacidade de absorver todas as coisas seja uma das motivos por que os jovens, à procura de um rumo na vida, sentem atração por essa cor.

Cinza

Quando todos os comprimentos de onda do espectro são absorvidos na mesma proporção obtém-se o cinza neutro. Essa é uma cor que se encontra entre o preto e o branco e que pode intensificar qualquer uma das cores do espectro.

O cinza puro é uma cor raramente encontrada na natureza. Se você observar de perto o que parece ser cinza nas rochas e nos animais, inevitavelmente encontrará pelo menos uma outra cor presente. Nas plantas, ele aparece na folhagem como cinza prateado.

Vemos o cinza nas nuvens e nos objetos metálicos. É a cor da indústria, das máquinas e dos arranha-céus.

No nível físico, essa cor indica inteligência, a massa cinzenta do cérebro, mas pode também sugerir confusão. Se algo não é nem preto nem branco, então é de um tom cinzento. Além de confusão, o cinza sugere medo. Diz-se que a aura das pessoas medrosas apresenta padrões cinzentos.

4

As cores da nossa aura

Todo ser humano é um microcosmo dentro de um macrocosmo. As cores que vemos na natureza estão também no campo eletromagnético ou aura de cada pessoa. Olhar para a aura de alguém é como olhar através de um caleidoscópio. As cores são vistas em constante mutação, sempre apresentando padrões novos e surpreendentes. Esses padrões e cores são determinados por nosso estado de saúde, pensamentos e humores.

Os seres humanos são seres de luz, e portanto incapazes de viver sem luz. A luz que nos dá vida vem do Sol; é o prana ou energia vital. O prana existe em abundância nos dias claros e ensolarados e pode ser visto flutuando na atmosfera em forma de corpúsculos de luz branca iridescente. Nos dias nublados e cinzentos, sua quantidade é reduzida, e durante a noite, é quase inexistente. Para compensar a falta de prana do período noturno, o corpo o armazena durante o dia. Isso também ocorre no inverno, quando os pássaros têm de comer o suficiente durante o dia e prover ao corpo a quantidade de gordura necessária para manterem-se vivos e aquecidos durante a noite.

Segundo o filósofo e iogue indiano Swami Sivananda, "prana é a soma total de toda a energia do universo". É a energia diferenciada que se revela em todas as formas possíveis. Tudo que se move no universo é uma manifestação do prana. Os iogues afirmam que o que caracteriza a vida é sua capacidade de atrair prana para si mesma, para armazená-lo e transformá-lo de modo a atuar tanto sobre o mundo interior quanto sobre o exterior. Eles dizem também que o prana está no ar, mas não é nem oxigênio, nem nitrogênio, nem qualquer outro componente da atmosfera. O prana está na nossa comida, na água e na luz do Sol, mas não é vitamina, nem calor, nem raio ultravioleta. Ele penetra no corpo todo, mesmo nas partes a que o ar não consegue chegar. É nosso verdadeiro alimento, pois sem ele a vida não poderia existir. Os antigos *rishis* diziam que o prana podia ser armazenado no sistema nervoso, mais particularmente no plexo solar, que contém gânglios de fibras nervosas.

Em termos ocidentais, o prana pode ser descrito no plano físico como vitalidade, como a energia que coordena as moléculas e células do corpo e as integra. Se não existisse o prana, não poderia existir o corpo físico como um todo integrado. Ele não seria nada mais do que um conjunto de células independentes. Segundo Arthur E. Powell, autor do livro *The Etheric Double* (ver "Bibliografia recomendada"), o prana, no plano físico, armazena todos os minerais e é o agente que controla todas as mudanças químico-fisiológicas do protoplasma, que levam à diferenciação e à formação dos vários tecidos do corpo das plantas, dos animais e dos seres humanos.

Saber que absorvemos prana pelos alimentos deveria tornar-nos mais conscientes do que comemos. Alimentos nocivos, com prazo vencido ou que contêm uma grande quantidade de preservativos quase não têm prana. Assim que as frutas e verduras são colhidas, começam a se decompor e, nesse processo, perdem energia vital. Por isso é importante comer o máximo possível de alimentos frescos, produzidos organicamente. No trânsito e nas grandes cidades respiramos constantemente ar poluído. Para compensar, é importante ir para o campo sempre que possível, para respirar ar puro, rico em prana. Isso revitaliza e fortalece o corpo físico e a aura.

A aura humana

A aura, ou o campo energético que envolve o corpo humano, tem forma ovóide. A parte mais larga é a que está em volta da cabeça, e a mais estreita, a que circunda os pés. Parece um ovo apoiado sobre seu ponto mais estreito. A aura está em constante expansão e contração, em movimentos semelhantes aos dos pulmões quando inalam e exalam o ar. O uso de fibras sintéticas limita esses movimentos, como o uso de sapatos muito apertados limita os movimentos dos pés.

A aura é constituída de sete camadas que se interpenetram: o corpo físico, a camada etérica, a camada astral ou emocional, a camada mental, a mental superior, a causal e o corpo imaterial. Apesar de essas camadas se interpenetrarem, elas permanecem independentes. Cada uma atua sobre um aspecto diferente de nosso ser e apresenta cores próprias. Essas cores são normalmente densas nas proximidades do corpo físico, mas ficam mais etéreas à medida que se aproximam das camadas externas da aura.

A camada externa — o corpo imaterial

Essa camada representa nosso verdadeiro eu, a parte de nós que não tem começo nem fim. É a essência que tudo sabe, a parte divina de nós que escolheu encarnar num corpo físico para vivenciar certas situações possíveis apenas no plano terreno. Infelizmente, desde o instante em que nascemos, somos condicionados e esse condicionamento nos faz esquecer o propósito da nossa encarnação atual. Para remediarmos isso, temos que aprender a entrar em sintonia com nosso Eu divino. Essa sintonia é alcançada por meio de técnicas de relaxamento e meditação.

A sexta camada — a causal

Essa camada contém o registro de todas as vidas anteriores e a causa da nossa encarnação atual. Tudo que fizemos ou estamos fazendo resulta da lei de causa e efeito. Cristo disse que colhemos aquilo que plantamos. A ioga chama isso de karma e afirma que todo bem que fazemos será recompensado com o bem e que todo mal será retribuído com o mal. Essa é a razão por que algumas pessoas passam por um grande sofrimento na vida sem nenhum motivo aparente. Antes de encarnarem, elas decidiram quanto pagariam de seus débitos kármicos.

A quinta camada — a mental superior

Esse é o lugar em que podemos entrar em contato com nossa intuição e ouvi-la. Apesar de haver ocasiões em que as informações recebidas dessa fonte pareçam improváveis, ela está sempre certa. A tarefa mais difícil é aprender a ouvir essa fonte de sabedoria e confiar nela.

A quarta camada — a mental

Essa camada está ligada à mente. Tudo o que pensamos materializa-se em formas de pensamento armazenadas nessa parte da aura. Essas formas podem ser projetadas para a atmosfera, lugares ou pessoas por meio da visualização. Esse é um dos métodos usados para irradiar cor e luz divina no tratamento a distância. Os semelhantes se atraem; assim, se cultivamos pensamentos negativos, eles atraem outros pensamentos da mesma natureza, aumentando a negatividade. Portanto, se uma pessoa é muito positiva, seus pensamentos atraem mais positividade. Saber disso deveria nos levar a prestar atenção em nossos pensamentos e a transformar qualquer pensamento negativo em positivo. No início pode ser difícil, mas com tempo e prática podemos consegui-lo.

A terceira camada — a astral

Essa camada contém o nosso corpo emocional, que registra, por meio das cores, nossos sentimentos. Na maioria das pessoas, por causa da incapacidade de dominar as emoções, essa parte da aura está muito freqüentemente em desequilíbrio. Estou certa de que as expressões "vermelho de raiva" e "verde de inveja" surgiram na época em que uma grande parcela da população era capaz de ver a aura. Quando uma pessoa está com raiva, o vermelho-escuro manifesta-se na aura; quando está com inveja, a aura fica verde-escura e, quando tem medo, surgem manchas cinzentas na aura. Por todas as mudanças que estão ocorrendo com o advento de uma nova era, estamos sendo desafiados a dominar essa parte do nosso ser, mas nos foi dado o livre-arbítrio para escolhermos.

A camada etérica

Essa camada da aura contém a matriz do corpo físico e desintegra-se com a morte. Devido à interpenetração das camadas da aura, nossos sentimentos, pensamentos e inspirações divinas são registrados nela antes de manifestar-se no plano físico. A doença, que pode ser instigada por nossa mente e/ou emoções, é vista na camada etérica na forma de manchas cinzentas de energia acumulada. Se isso não for remediado, se manifestará como doença física.

A parte etérica da aura contém os canais de energia extremamente refinada, ou nadis, pelos quais flui a energia prânica. Essa rede extremamente intrincada de nadis corresponde a todo o sistema nervoso.

Os nadis

No texto *Gorakshasataka da Seita Nath,* o guru Goraknath afirma que, entre os milhares de nadis que funcionam como condutores de prana, três deles são de importância fundamental: pingala, ida e sushumna. Esses três nadis específicos têm a função de conduzir a energia através do corpo.

Pingala é o canal positivo que transporta a energia dinâmica do prana. Ele está ligado ao sistema nervoso simpático, que libera adrenalina para estimular os músculos da superfície. O sistema nervoso simpático prepara o corpo para dar conta do *stress* e da atividade externa.

Ida é o canal negativo da força mental. Ele está ligado ao sistema nervoso parassimpático, que envia impulsos aos órgãos viscerais para estimular o processo interno.

Sushumna, o terceiro canal, funciona em parte como um fio-terra, mas seu verdadeiro propósito é prover um canal para a grande força espiritual humana. Diz-se que, quando uma pessoa integrou os

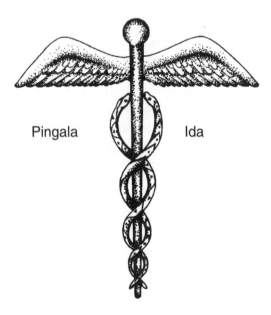

AS CORES DA NOSSA AURA   55

aspectos físico, espiritual e mental, surge essa força, trazendo a iluminação ou a consciência de Deus. Esses três canais estão representados no caduceu, o símbolo da profissão médica. Muitos pioneiros da medicina alopática, como Hipócrates, reconheceram e trabalharam com a anatomia humana sutil. Infelizmente, com o advento dos medicamentos e os avanços dos procedimentos cirúrgicos, esse conhecimento foi deixado de lado.

Os chakras

Além de alojar os nadis, a camada etérica contém sete centros energéticos principais e 21 menores, conhecidos em sânscrito como chakras. Ela contém ainda numerosos pontos de acupuntura. Os chakras mais importantes caracterizam-se por serem atravessados por 21 nadis; os menores, por catorze nadis; e os pontos de acupuntura, por sete nadis. Esses centros energéticos podem ser encontrados em cada uma das camadas da aura, mas sua importância principal está no nível etérico. Eles são tanto os transformadores quanto os transmissores de energia para cada uma das camadas.

Os chakras têm a aparência de uma roda. A palavra "chakra" significa roda ou círculo. As energias pulsam e circulam ritmicamente através do eixo da roda. Esses centros jamais estão parados, mas a velocidade com que giram depende até certo ponto do estado de saúde da pessoa.

Cinco dos chakras mais importantes da camada etérica estão alinhados ao longo da coluna vertebral, enquanto o sexto e o sétimo chakras localizam-se, respectivamente, entre as sobrancelhas e no alto da cabeça. O chakra que não é reconhecido como um dos centros de primeira grandeza, mas ainda assim é de grande importância, é o chakra do baço. É ele que absorve prana e desintegra-o em sete variedades. Cada uma dessas variedades de prana vibra na freqüência de uma das cores do espectro e determina a cor dominante do chakra para o qual ela é distribuída.

Cada um dos sete chakras principais tem uma relação especial com uma das glândulas endócrinas e com órgãos específicos do corpo físico. Esses centros são também cheios de simbolismo. Para maiores informações sobre os chakras, recomendo a leitura de *Chakras for Beginners*, de Naomi Ozaniec.

chakra da coroa

chakra frontal

chakra da garganta

chakra do coração

chakra do plexo solar

chakra do sacro

chakra da base

Chakra da base

Esse chakra fica na base da coluna, sua cor predominante é o vermelho, e ele tem a menor freqüência vibratória. É relacionado

com a solidez da terra e, por isso, nos possibilita firmar os pés no chão. É associado ao sentido do olfato e representado como um lótus de quatro pétalas.

As partes do corpo que têm relação com o chakra da base são as pernas, os pés, os ossos, o intestino grosso, a coluna e o sistema nervoso. As glândulas endócrinas com as quais ele está relacionado são as gônadas, ovários na mulher e testículos no homem. Acredito que esse centro tenha uma relação mais estreita com os órgãos reprodutores masculinos do que com os femininos.

A energia mística kundalini reside no chakra da base. Ela é representada como uma serpente enroscada. Quando uma pessoa alcança determinado nível de desenvolvimento espiritual, essa energia é liberada para percorrer o sushumna, penetrando e despertando o pleno potencial de cada chakra no percurso até o chakra da coroa.

Se a energia não está firmada nesse centro, a pessoa pode sentir nervosismo e insegurança. Se o chakra da base fica bloqueado, e pode haver muitas razões para isso, o nível de energia cai, e podem surgir problemas com os órgãos reprodutores e a fertilidade.

A prática da visualização e da meditação

Para praticar a visualização e/ou a meditação, procure encontrar um lugar confortável onde você não seja perturbado. Convém praticar sempre no mesmo lugar essas técnicas. A energia calma e tranqüila que você cria aumentará gradualmente, impregnando o espaço e facilitando com isso seu trabalho. Procure não se sentir desestimulado se, no início, tiver dificuldade para concentrar-se. Na maioria das pessoas, é a mente que está no controle. O que você está tentando fazer é reverter essa situação, assumindo o controle da mente. Se no início encontrar dificuldades, não se desespere. Simplesmente relaxe e lembre-se de que a prática faz a perfeição.

Exercício

Sente-se confortavelmente no lugar escolhido. Procure relaxar o corpo e deixá-lo à vontade. Se não conseguir, mude para uma posição melhor. Concentre-se na respiração, tomando consciência dos lentos movimentos de inspiração e expiração. Se sua mente começar a vagar, faça-a voltar suavemente para a respiração. Esteja consciente dos pensamentos que atravessam sua mente. Ao expirar, solte esses pensamentos na atmosfera, visualizando-os como lindas bolhas que se desfazem com leveza. Tomado por esse estado de paz e relaxamento, imagine que está sentado ou deitado em um campo. Está anoitecendo, e o Sol começou a cair no horizonte. A terra ainda irradia o calor do dia. Ao percorrer o céu com os olhos, você é arrebatado pelo colorido da visão panorâmica que se forma à sua frente. Os raios dourados tingem-se de um vermelho luminoso que apresenta suas muitas tonalidades inflamadas pelo Sol.

O rubor do céu é absorvido pela solidez da terra, formando um todo. Você percebe que é parte desse cenário. O manto vermelho luminoso que o envolve traz força e calor a todo o seu ser. Você sente que essa cor é absorvida pelo chakra da base e dali se irradia para as pernas e os pés e volta para a Mãe Terra pelos dedos dos pés. Você sente a sabedoria infinita da Terra nessa cor que agora o percorre para firmá-lo nela, dando-lhe com isso uma base forte e firme sobre a qual crescer e evoluir como ser espiritual. Apesar de termos tratado tão mal o nosso planeta, pilhando seus tesouros e contaminando-o com produtos químicos e outros poluentes, ainda assim a Terra procura cuidar daqueles que entram em contato com ela.

Voltando o olhar para o céu, veja como o Sol enfim desaparece e o manto azul-escuro da noite envolve a Terra.

Levando lentamente a consciência de volta para o corpo físico, comece a aumentar os movimentos de inspiração e expiração. Agradeça ao Eu superior pela experiência que acabou de ter. Então, quando estiver pronto, abra os olhos bem devagar, levante-se e alongue o corpo com disposição para continuar o dia.

Chakra do sacro

O chakra do sacro está situado na altura do sacro, na coluna. Ele é representado como um lótus de seis pétalas e irradia a cor laranja. É associado com o elemento água e o sentido do paladar.

No nível físico, o chakra do sacro exerce influência sobre a bexiga, os sistemas circulatório e linfático, a pele e os órgãos reprodutores femininos. As glândulas endócrinas a ele relacionadas são as supra-renais.

Esse centro tem relação com a criatividade, especialmente na mulher, por estar ligado ao sistema reprodutor feminino, que gera o corpo físico para que uma alma possa encarnar. Esse centro tem uma ligação estreita com a energia criativa do chakra da garganta, cuja cor, o azul, é a sua complementar. Quando a mulher entra na menopausa, a energia criativa do chakra do sacro é transportada

para o chakra da garganta, onde é transformada em energia criativa espiritual.

Quando esse centro encontra-se bloqueado, podem surgir distúrbios no funcionamento da bexiga e dos rins, bem como problemas circulatórios. É possível também que ocorram distúrbios no sistema reprodutor tanto da mulher como do homem. No homem, esses distúrbios podem manifestar-se como ejaculação precoce ou incapacidade de ter ereção. Na mulher, eles podem resultar em incapacidade de alcançar o orgasmo, infertilidade ou problemas menstruais.

Quando esse chakra se abre e começa a funcionar plenamente, ele libera os poderes intuitivos e sensitivos. No início, algumas pessoas sentem o aumento da capacidade sensitiva como algo assustador, mas isso encontrará seu equilíbrio num nível evolutivo superior.

Exercício

Muitas pessoas, especialmente os homens, perderam o contato com a criatividade. Vivemos num mundo controlado pelo computador e pela tecnologia científica. Tudo isso trabalha com o intelecto ou o hemisfério esquerdo do cérebro. Para equilibrar, precisamos também trabalhar com o hemisfério direito, o da criatividade. Podemos fazer isso através da pintura, da dança, da cerâmica, dos trabalhos manuais, etc.

Para fazer este exercício, você vai precisar de uma folha de papel branco e de um estojo de lápis de cor ou de tintas.

Vá para um lugar confortável e, acomodado nele, relaxe o corpo e a mente. Concentre a atenção no chakra do sacro. Visualize esse centro como um círculo de luz cor de laranja pulsante, energizante e criativo. Se isso for difícil, procure imaginar um raio de luz laranja-claro vindo da terra, atravessando seus pés e pernas e penetrando no chakra. Tente sentir o tamanho desse chakra e, então, observe os raios de luz cor de laranja irradiando-se para sua aura, fortalecendo-a e vivificando-a.

Imagine-se entrando no centro desse chakra. Qual é a sensação que isso causa e o que você consegue ver? Há outras cores irradiando-se do seu centro ou apenas o laranja?

Quando estiver pronto, traga a consciência de volta para o lugar onde você está. Respire profundamente e estique os braços para cima para trazer a consciência de volta ao corpo físico. Usando a folha de papel branco e os lápis de cor ou tintas, desenhe a experiência que acabou de vivenciar.

Chakra do plexo solar

Este centro está localizado na coluna, na altura do plexo solar, e é representado como uma flor de lótus amarelo-vivo com dez pétalas. Ele é associado com o elemento fogo e o sentido da visão. O fogo dá a luz de que precisamos para "enxergar". Isso diz respeito não apenas à visão física, mas também à visão espiritual. A claridade do elemento fogo nesse centro determina a clareza do que vemos.

No nível do centro do plexo solar, podemos vivenciar o calor, a expansividade e a alegria. Esse é o centro da vitalidade nos corpos psíquico e físico, pois é onde o prana (a corrente vital ascendente) e o apana (a corrente vital descendente) se encontram, gerando o calor necessário para manter a vida.

No nível físico, esse chakra se ocupa principalmente do processo digestivo. Os órgãos influenciados por ele são os do aparelho respiratório, o diafragma, o estômago, o duodeno, a vesícula biliar e o fígado. As glândulas endócrinas relacionadas a ele são as ilhotas de Langerhans, que fazem parte do pâncreas.

Os efeitos do funcionamento deficiente desse chakra são a depressão, as mudanças rápidas de humor, a má digestão, os maus hábitos alimentares, a letargia e a instabilidade nervosa. Como esse chakra interage com o do sacro e o do coração, se ele estiver bloqueado, a sexualidade estará desvinculada do amor. Quando o chakra do plexo solar está aberto e funcionando perfeitamente, a pessoa tem uma vida emocional rica e gratificante.

Exercício

Acomode-se em seu espaço de meditação e comece esta sessão relaxando o corpo e a mente. Concentre-se na respiração. Comece a respirar mais profundamente, bem devagar. Se ajudar, conte até cinco ou seis ao inspirar e faça o mesmo ao expirar. Não prenda a respiração nem por um momento. Se começar a sentir falta de ar ou tontura, volte a respirar normalmente.

Ao inspirar, visualize um raio de luz dourada subindo pelos pés até o chakra do plexo solar. Ao expirar, faça essa luz circular e penetrar em todo o chakra. Quando o plexo solar estiver totalmente tomado por essa luz, visualize-a como um Sol dourado, irradiando calor e energia para as partes do corpo que são influenciadas por esse chakra. Imagine um dos raios de seu Sol descendo para unir-se com o chakra do sacro e um outro raio de luz irradiando-se para cima e unindo-se com o chakra do coração. Isso fará com que todos os aspectos criativos do chakra do sacro sejam permeados pelo amor incondicional. Peça ao Eu superior para ver isso com a visão interior e entender com a intuição.

Quando terminar, volte a respirar normalmente. Traga a consciência de volta para o corpo físico. Fique sentado refletindo por alguns minutos sobre o que você vivenciou, antes de retomar as tarefas habituais.

Chakra do coração

O chakra do coração está situado aproximadamente na altura do esterno e um pouco à direita do coração físico. Ele é representado como uma flor de lótus verde com doze pétalas. Está relacionado com o elemento ar e com o sentido do tato.

A palavra sânscrita que designa esse centro é *anahata*, que traduzida significa "o intocado". Todos os sons são criados pela vi-

bração causada pela interação dos objetos. O som emitido por esse chakra é o som primordial que tem origem fora deste mundo.

Esse é o centro no qual vivenciamos o amor. O amor tem uma das mais altas freqüências vibratórias, e o modo como o sentimos depende do nível de abertura e desenvolvimento desse centro. O amor pode ser sentido num nível puramente físico, como excitação ou desejo sexual, mas, à medida que nos desenvolvemos espiritualmente, ele se transforma no amor incondicional que abarca todas as coisas. Para atingirmos esse estado, temos que antes aprender a amar todos os aspectos de nós mesmos. Quando isso é alcançado, começamos a vivenciar lentamente o amor incondicional, que é capaz de estender a mão a todos os seres e a todas as situações, sem julgamentos.

No nível físico, o chakra do coração está relacionado com o coração e o sistema circulatório, os pulmões e o sistema respiratório, os braços e as mãos. A glândula endócrina associada a ele é o timo.

Se esse chakra não está funcionando bem, o resultado pode ser um distúrbio em qualquer parte do corpo físico que tenha relação com ele.

Exercício

Sente-se confortavelmente em seu espaço de meditação. Relaxe o corpo e acalme a mente.

Quando estiver relaxado e em paz, recolha-se dentro de si. Pergunte-se o quanto é capaz de amar todos os seus aspectos. Você é capaz de amar e aceitar seus pensamentos, sejam eles de natureza positiva ou negativa? Consegue amar seus sentimentos, especialmente quando não são muito harmoniosos? É capaz de amar seu corpo físico: sua forma, tamanho e qualquer deformidade que ele possa ter? Muitas pessoas aprenderam que é errado e egoísta amar a si mesmas, mas, se não pudermos amar a nós mesmos, poderemos amar verdadeiramente outra pessoa? Talvez possamos, num nível puramente intelectual, mas não do fundo do coração.

Leve a consciência para o chakra do coração. Visualize-o como um espaço circular repleto de luz verde-clara. No centro desse espaço está um botão de rosa de tom rosa-claro. Diante de você, o botão de rosa se abre e torrentes da luz rosa-clara do amor incondicional jorram de suas pétalas. Dirija conscientemente essa luz para qualquer parte ou aspecto de si mesmo que você ache difícil amar. Imagine essa cor dissolvendo as barreiras erguidas pelos condicionamentos, das quais você não precisa mais. Encha o espaço deixado pelas barreiras com essa luz rosada.

Finalmente, faça essa luz impregnar o espaço em que você está sentado, para que da próxima vez você seja imediatamente envolvido por sua vibração.

Quando terminar, traga a consciência de volta para o corpo físico. Comece a aumentar lentamente a respiração. Quando estiver pronto, abra os olhos.

Chakra da garganta

O chakra da garganta está localizado na coluna na altura da garganta. Ele é representado como uma flor de lótus azul de dezesseis

pétalas e está relacionado com o elemento éter. Os alquimistas referem-se ao éter como o caldeirão no qual são formados os elementos dos quatro chakras inferiores.

Esse centro está relacionado com a expressão da palavra, com o som. O som produzido nele é normalmente controlado por um dos quatro elementos inferiores. Se a voz é grossa e indiferente, ela vem do elemento terra do chakra da base; se é macia e sexual, provém do chakra do sacro; a voz quente e apaixonada vem do fogo do chakra do plexo solar; se é suave e simpática, tem origem no chakra do coração.

O chakra da garganta constitui a ponte que temos de atravessar se quisermos passar para o plano espiritual. É também a ponte que separa os quatro elementos inferiores do princípio do pensamento no chakra frontal.

Segundo a filosofia iogue, é no chakra da garganta que o néctar divino é provado. Esse néctar é uma secreção doce produzida pela glândula *lalana* situada na parte de trás da garganta. Quando essa glândula é estimulada pelas técnicas avançadas da ioga, diz-se que seu néctar pode manter o iogue sem comer nem beber por muito tempo.

AS CORES DA NOSSA AURA 67

No plano físico, esse chakra controla o sistema nervoso, o sistema reprodutor feminino, as cordas vocais e os ouvidos. As glândulas endócrinas às quais ele está relacionado são a tireóide e as paratireóides.

Exercício

Sente-se em seu espaço de meditação. Relaxe o corpo e acalme a mente. Faça algumas inspirações lentas e profundas, exalando todas as tensões e pensamentos que insistem em assaltar sua mente.

Leve a consciência para o chakra da garganta e visualize a suave luz azul que ele irradia. Visualize essa cor passando desse centro para a aura, criando ao seu redor um manto de paz e proteção.

Volte a consciência para a garganta e deixe-se expressar verbalmente qualquer som que você achar apropriado. Não importa que o som seja alto, suave, melodioso ou desafinado. Simplesmente deixe que o som saia de você. Quando sentir que terminou, leve a consciência para cada um dos chakras inferiores, começando pelo chakra da base. Com cada um desses centros inferiores, tente produzir o som correspondente à situação atual deles. Se praticar isso regularmente, você ficará surpreso ao constatar como o som muda de um dia para outro.

A cor e o som têm muita afinidade. Por isso, cada chakra vibra de acordo com um som e uma cor. Trabalhar com qualquer uma dessas vibrações ajuda a equilibrar os chakras. Os sons correspondentes a esses centros são determinados pelo nível de desenvolvimento espiritual da pessoa, e há, portanto, uma pequena diferença entre uma pessoa e outra.

Quando terminar, acelere um pouco a respiração, abra os olhos, levante-se e alongue o corpo antes de retomar suas atividades.

Chakra frontal

O chakra frontal fica na testa, entre as sobrancelhas. Ele irradia a cor índigo e é freqüentemente representado como um lótus de duas pétalas. Essas duas pétalas se referem à dualidade da natureza humana: yin e yang, as energias feminina e masculina, inerentes a todo ser humano. Nesse centro, quando ele está totalmente aberto, os aspectos da dualidade integram-se numa totalidade. Quando isso é alcançado, a pessoa assume o controle ou o comando sobre a personalidade, ou eu inferior.

O chakra frontal reflete também a natureza dual da mente — o ego e o espírito, a razão e a intuição.

No plano físico, ele está relacionado com os olhos, o nariz, os ouvidos e o cérebro. A glândula endócrina ligada a ele é a pituitária.

Se esse chakra está em desequilíbrio, a pessoa pode ter problemas nasais, resfriados, rinite alérgica, insônia, enxaqueca e irritabilidade. Uma barreira que impede esse centro de fluir livremente é o modo rígido de pensar, que não nos permite considerar outras idéias e opiniões nem, se necessário, mudar ou modificar as nossas.

Exercício

Sente-se em seu espaço da meditação. Relaxe o corpo e afaste da mente os pensamentos indesejados.

Concentre-se no centro da testa. Lembre-se de que esse é o centro tanto da mente física como da espiritual. É o centro que é ativado quando trabalhamos com visualização e meditação. Ao concentrar-se nele, procure visualizar a imensidão da Terra, do céu e do espaço. Considere com muito amor tudo o que você vê com sua visão interior. Tente reconhecer tanto a energia masculina quanto a feminina em você. Você consegue aceitar as duas igualmente? Pense nos hemisférios intelectual e criativo do cérebro. Está integrando-os em sua vida? As energias yin e yang são mantidas em equilíbrio pela alimentação. Você tem uma alimentação saudável e equilibrada? É só quando temos consciência dessas energias que podemos nos voltar para dentro de nós mesmos e descobrir que mudanças precisam ser feitas. Essas mudanças atuam em favor da integração da dualidade.

Quando terminar, traga a consciência de volta para o cotidiano. Reflita sobre as mudanças que você precisa realizar e planeje o melhor meio de executá-las. Talvez seja bom manter um diário pessoal de suas experiências e registrar nele o que você acha que é melhor para você.

Chakra da coroa

O chakra da coroa fica no alto da cabeça e tem a mais alta freqüência energética. Seu símbolo é um lótus de mil pétalas de cor violeta.

A vibração desse centro é representada por muitos artistas como uma auréola em volta dos seres muito evoluídos. Quando alguém está centrado nesse chakra, o eu inferior está integrado com o Eu

superior, o que lhe possibilita vivenciar o indescritível êxtase da união com a própria fonte: a realidade divina de nossa consciência. Para alcançar esse estado, a pessoa tem de renunciar ao ego ilusório. Quando conseguimos fazer isso, encontramos nosso ser verdadeiro, que corresponde à transmutação das energias dos chakras inferiores para o da coroa.

No plano físico, esse chakra está relacionado com a glândula pineal. Essa glândula é ativada durante a meditação e é, às vezes, chamada de glândula alucinatória.

Exercício

Acomode-se em seu espaço de meditação. Relaxe o corpo e a mente, bem devagar.
Concentre-se no alto da cabeça. Visualize-se diante de uma flor violeta de muitas pétalas. No centro da flor há um diamante multifacetado. Cada face do diamante representa uma parte de você, incluindo pensamentos, relacionamentos, vida familiar, profissional, etc. Também seu passado e seu futuro estão ali representados.

Olhando para o diamante, você percebe que algumas de suas facetas brilham menos intensamente que outras. Elas são as faces que foram ocultadas da luz do Sol espiritual. Observe-as mais atentamente e perceberá que elas representam as coisas que não lhe servem mais e que precisam ser deixadas para trás. Podem ser lembranças ou relacionamentos do passado que você está carregando consigo; pode ser medo do futuro, insegurança ou solidão. Aproveite a oportunidade para examinar-se e peça para ter coragem de abandonar as coisas que não são mais relevantes em sua vida. Isso pode ser comparado à atividade de remover as tralhas do porão e deixar que a luz entre nele. Quanto mais capacidade tivermos de fazer isso, mais capazes seremos de entrar em contato com o Eu superior, aquela gotinha minúscula no vasto oceano cósmico de luz e amor.

Quando terminar, traga a consciência de volta para o corpo físico. Acelere aos poucos a respiração antes de abrir os olhos.

5 A cor como terapia

A cor é um meio maravilhoso de terapia para os diferentes aspectos de nossa vida. Ela pode ser usada para a cura, o relaxamento, o alívio das tensões, a elevação da consciência espiritual e a clareza do caminho que escolhemos. Seja qual for o modo e o propósito de seu uso, para sentir os atributos positivos da cor, temos de trabalhar regularmente com ela. Se você quer realmente que a cor atue a seu favor, sugiro que reserve algum tempo todos os dias para praticar uma das técnicas indicadas.

A redescoberta do uso da cor para fins terapêuticos está ainda dando os primeiros passos. Como somos seres de luz e vivemos rodeados e permeados pelas cores da luz refratada, essas cores podem ser usadas para restaurar a harmonia. Se você não está bem e quer ser tratado com as freqüências vibratórias da cor, é recomendável que busque a ajuda de um cromoterapeuta qualificado. É igualmente recomendável que você procure a ajuda de um médico para saber com que está lidando. Existem doenças cujos sintomas parecem triviais, mas que requerem assistência médica imediata.

No final deste capítulo, há uma listagem das cores apropriadas para o tratamento de doenças comuns. Essas cores podem ser usadas de acordo com qualquer uma das técnicas descritas neste capítulo. Se a doença não ceder em dois dias, procure ajuda médica imediatamente.

Respiração de cores

Quando respiramos, inspiramos prana ou energia vital. Há sete tipos de prana, e cada um deles vibra de acordo com a freqüência de uma das cores do espectro. Por isso, quando realizamos essa prática, visualizamos a inspiração da cor da qual sentimos estar precisando. Podemos visualizar a cor impregnando todo o nosso ser ou podemos levar mentalmente a cor até a parte do corpo que sentimos estar necessitando dela.

Ao usar essa técnica, visualize as cores vermelha, laranja e amarela penetrando no corpo pelos pés; o verde penetrando horizontalmente na altura do coração, e as cores turquesa, índigo, violeta e magenta penetrando pelo topo da cabeça.

Procure fazer com que o período de inspiração seja igual ao de expiração. Respire lenta e calmamente. Se em algum momento do exercício você sentir falta de ar ou tontura, volte imediatamente à respiração normal.

Exercício

Acomode-se em seu espaço de meditação. Relaxe o corpo e acalme a mente.

Concentre a atenção no chakra da base. Ao inspirar, visualize um raio de luz totalmente vermelho entrando pela planta dos pés e subindo até esse chakra. Ao expirar, deixe a cor irradiar-se do chakra, penetrando na aura, descendo pelas pernas até os pés e voltando para a terra. Procure sentir o calor e a energia trazidos por essa cor.

Leve a consciência para o chakra do sacro. Desta vez, ao inspirar, visualize um raio totalmente laranja entrando pela sola dos pés, subindo pelas pernas e penetrando nesse chakra. Ao expirar, visualize a cor penetrando em sua aura, criando uma sensação maravilhosa de alegria e felicidade.

Concentre-se agora no chakra do plexo solar. Ao inspirar desta vez, visualize um raio de luz totalmente amarelo entrando pela sola dos pés, subindo pelas pernas e penetrando nesse chakra. Observe toda essa região transformar-se num sol dourado de energia pulsante. Ao expirar, observe os raios desse sol penetrando em sua aura.

Passe agora para o chakra do coração. Ao inspirar, visualize um raio de luz totalmente verde penetrando horizontalmente nesse chakra. Ao expirar, visualize a luz verde penetrando em sua aura e deixe que ela equilibre qualquer aspecto seu que esteja em desequilíbrio.

Concentre a atenção no chakra da garganta e inspire um raio de luz totalmente azul, pelo topo da cabeça, levando-o até esse chakra. Ao expirar, observe a cor penetrando em sua aura, trazendo paz e tranqüilidade ao corpo físico. Visualize a cor formando um manto de proteção à sua volta, para impedir a entrada de energias negativas.

Leve a consciência para o chakra frontal. Inspire um raio de luz índigo pelo topo da cabeça, levando-o até esse chakra. Peça à cor que lhe dê clareza sobre o caminho que você está seguindo e que esclareça qualquer dúvida que você possa ter. Ao expirar, deixe que a cor penetre em sua aura.

Finalmente, concentre-se no chakra da coroa. Ao inspirar, visualize um raio de luz violeta penetrando nesse chakra. Ao exalar essa cor para a aura, deixe que ela o preencha com o auto-respeito e a dignidade que lhe são inerentes e o ajude a amar todos os aspectos de si mesmo.

Quando terminar, leve a consciência de volta para o corpo físico e comece a respirar mais profundamente antes de abrir lentamente os olhos.

Visualização

Quando se trabalha com a relação corpo/mente, a visualização pode exercer um papel vital. Visualização e imaginação são termos

A COR COMO TERAPIA

usados muitas vezes para expressar a mesma coisa, mas há uma pequena diferença entre elas. A visualização é a capacidade de invocar uma imagem visual nítida, e a imaginação é a capacidade de criar imagens na mente.

Na maioria das vezes, quando a pessoa começa a trabalhar com visualização, na verdade é a imaginação que funciona. Com prática, paciência, crescimento pessoal e sensibilização, ela acaba se transformando em visualização.

O processo de trabalhar com a cor por meio da visualização ajuda a transformar nossos aspectos negativos em aspectos positivos. Isso pode trazer bem-estar e ajudar-nos a escolher nosso caminho na vida. Como em quase tudo, se quisermos sentir os atributos positivos da visualização da cor, temos de praticar regularmente e acreditar no que estamos fazendo. A dúvida cria uma barreira que impede o processo de transformação.

Exercício

Deitado na cama, procure acomodar-se e aquecer-se. Agradeça pelo dia que acabou, enquanto vira a página do livro de sua vida, para que amanhã seja um novo dia.

Preste atenção no silêncio que a noite traz. Inspire o silêncio e a tranqüilidade para dentro de seu corpo e sua mente para que eles possam relaxar. Entregue à noite as tensões e o cansaço do dia.

Visualize a cama se transformando numa nuvem branca e fofa que suavemente o transporta pelo ar da noite. A coruja e outras criaturas notívagas são os únicos seres acordados, à espreita da presa para alimento ou diversão. Quente e aconchegado em sua nuvem branca e fofa, você consegue enxergar a miríade de estrelas espalhadas pelo universo e ouvir os movimentos suaves e ondulantes da sinfonia estelar. Sinta esses sons equilibrando e relaxando seu corpo físico no compasso dos sons produzidos

> por ele mesmo. O céu azul-escuro da noite é um manto de paz e proteção à sua volta, permitindo que você flutue no sono restaurador que o prepara para o alvorecer de um novo dia.

Meditação

O mundo no qual vivemos é cheio de conflito, dor e desarmonia. A vida adquire um ritmo mais rápido a cada ano que passa. As mudanças ocorrem muito rapidamente tanto no mundo como dentro de nós. A meditação é a arte de transcender esse torvelinho para encontrar o ser verdadeiro, que pode nos proporcionar paz, segurança e amor incondicional.

Os sete chakras descritos no capítulo 4 podem ser comparados a portas para níveis superiores de consciência. Quando meditamos, essas portas se abrem para nos dar passagem. Por isso, é extremamente importante que as fechemos após cada sessão de meditação. Uma forma de fazer isso é visualizar um círculo de luz em volta de uma cruz também envolta em luz. Esse símbolo é então usado para fechar cada chakra. Ao concluir uma sessão de meditação, começando pelo chakra da coroa, envolva cada chakra com esse símbolo e visualize-o fechando-se.

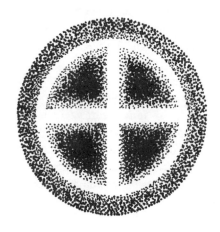

Exercício

Sente-se em seu espaço de meditação e relaxe o corpo e a mente. Imagine-se sentado sobre um cálice de vidro, largo na base e estreito na boca, semelhante a um cálice de conhaque. O formato permite que ele reflita todas as cores do espectro. Quando a luz atravessa o vidro, o espaço entre você e o cálice enche-se de vermelho, laranja, amarelo, verde, azul, índigo e violeta, cores que estão sempre dançando e interagindo umas com as outras. O cálice é forte e forma uma rede protetora à sua volta, e as cores de luz etérea representam sua aura.

Olhando para a boca do cálice, visualize um feixe de luz branca penetrando no chakra da coroa e transbordando para os chakras inferiores. Essa imagem se parece com uma cascata de luz. À medida que cada chakra se enche de luz até transbordar, você vai se enchendo de energia e luz e se tornando um canal desobstruído de cura, um canal de luz e alegria.

Quando estiver totalmente cheio de luz, fique algum tempo em silêncio, agradecendo ao plano espiritual por essa dádiva e ouvindo a mensagem que o espírito quer lhe transmitir.

Quando terminar, comece a acelerar a respiração, feche os chakras seguindo o processo descrito anteriormente e abra os olhos.

Uso de roupas coloridas

A cor pode ser absorvida pela pessoa por meio das roupas que ela usa. Elas funcionam como um filtro por onde a luz passa. Se quiser tirar proveito da cor, use branco por baixo da roupa colorida. Se não for possível, a roupa pode ser usada diretamente sobre a pele sem nada por cima.

Quanto maior for nossa sensibilidade à energia vibratória da cor, mais capazes seremos de perceber de que cor estamos precisando. Tenho certeza de que já lhe aconteceu sentir atração por uma cor em determinado dia e repulsa pela mesma cor no dia seguinte. A atração que sentimos por determinada cor indica nossa necessidade da energia dessa cor. Satisfeita essa necessidade, não sentimos mais atração por ela. A maioria das pessoas deixa-se levar pelas cores da moda, mas infelizmente elas não são necessariamente aquelas de que precisamos para o nosso bem-estar.

Há um ramo da ciência da cor que classifica as pessoas de acordo com as cores das estações do ano. Segundo essa classificação, há pessoas da primavera, do verão, do outono e do inverno. Aconselha-se a essas pessoas o uso de cores que ressaltem seu tom de pele. É um modo válido de fazer uso da cor, mas infelizmente ele não funciona quando se trabalha com a cor com fins terapêuticos.

Pedaços de tecido colorido

Outro modo de trabalhar com a cor é usar um pedaço de tecido totalmente colorido sobre a parte do corpo que está necessitando da cor. Deve ser de algodão ou seda, porque as fibras desses tecidos são naturais e, por isso, mais favoráveis ao processo de cura.

Exercício

Stress e/ou insônia

Arranje um pedaço de tecido totalmente azul, de algodão ou seda. Deite-se e cubra-se com ele em um quarto aquecido e iluminado por vinte minutos diariamente. Para esse exercício, você precisa vestir-se de branco ou, se estiver num espaço reservado, pode ficar sem roupa.

Dor de garganta

Coloque um cachecol azul-turquesa em volta do pescoço e fique com ele até a dor de garganta começar a desaparecer. Sei, por experiência própria, que isso funciona.

> ## Vista cansada
>
> Se você está com a vista cansada ou com os olhos doloridos, especialmente depois de ter trabalhado diante da tela do computador, coloque um pedaço de tecido de algodão índigo sobre os olhos e relaxe por quinze minutos.

Absorção da cor por meio dos alimentos

Outro modo de absorver a cor é por meio dos alimentos que comemos. Ao preparar a comida, procure incluir o máximo de cores possível. Certifique-se de que as cores sejam naturais, e não corantes artificiais. É alarmante a quantidade de alimentos adulterados nas prateleiras dos supermercados. Os aditivos mais usados são de origem química, portanto nocivos para o corpo.

Frutas e verduras que têm as cores do espectro	
Cor	Frutas e verduras
Vermelho	Repolho, tomate, rabanete, beterraba, pimentão vermelho, cereja, framboesa, groselha, ameixa.
Laranja	Cenoura, abóbora, pimentão cor de laranja, manga, damasco, laranja, tangerina.
Amarelo	Pimentão amarelo, pastinaca, tutano, milho-verde, queijo, gema de ovo, ameixa amarela, abacaxi, laranja, melão.
Verde	Pimentão verde, espinafre, repolho, alface, agrião, ervilha, vagem, lentilha verde, ameixa rainha-cláudia, kiwi, maçã verde, limão.
Azul	Uva, bagas de mirtilo, ameixa azul.
Violeta	Berinjela, brócolis roxo, uva, ameixa.
Magenta	Morango, cereja.

As cores na natureza

Para mim, uma das maneiras mais benéficas de vivenciar a cor é observar os tons vivos e vibrantes da natureza. Procure passar pelo menos uma hora por semana caminhando em parques ou campos ou sentado em seu próprio jardim. Ande descalço ou sente-se na grama; isso fará que você absorva a energia da terra pelos pés e as cores da natureza pelos olhos. Quando atravessei descalça um campo coberto de geada, senti no início muito frio, mas fiquei surpresa com a quantidade de energia que esse exercício me proporcionou.

Ao começar a trabalhar com a cor, procure colocar em prática todas as sugestões feitas neste livro e qualquer outra que você mesmo descobrir. Isso vai ajudá-lo a encontrar o método mais adequado para você.

Cores que podem ser usadas para distúrbios comuns		
Cor	**Cor complementar**	**Distúrbio**
Vermelho	Turquesa	Mãos e pés frios Pressão baixa Para firmar-se no chão
Laranja	Azul	Falta de energia Depressão
Amarelo	Violeta	Problemas de pele Artrite Indigestão Para ajudar na concentração mental

A COR COMO TERAPIA

Cor	Cor complementar	Distúrbio
Verde	Magenta	Para equilibrar as energias yin e yang Para desintoxicar qualquer parte do corpo Para equilibrar todos os aspectos do ser
Turquesa	Vermelho	Para fortalecer o sistema imunológico Como antiinflamatório Dor de garganta
Azul	Laranja	Para reduzir o *stress* Para liberar tensões Hipertensão Insônia
Índigo	Dourado	Dor de cabeça Vista cansada Nevralgia
Violeta	Amarelo	Para nos ajudar a amar e respeitar a nós mesmos
Magenta	Verde	Para ajudar em qualquer mudança que esteja ocorrendo em nossa vida Para abandonar os condicionamentos e situações que impedem nosso progresso na vida

6 A expressão da cor na arte

Na arte, a cor é usada para criar espaço e luz. A ciência óptica demonstrou que o azul cria uma impressão de afastamento, enquanto o vermelho tende a dar a impressão de proximidade. Se olharmos para a natureza, veremos que as cores perdem sua intensidade e nitidez quando estão muito longe. Isso se deve às condições atmosféricas. Os comprimentos de onda curtos do azul percorrem mais facilmente a atmosfera do que os longos do vermelho. Essa é a razão de a cor parecer mais pálida e mais azul quanto mais próxima ela está do horizonte.

A arte através dos tempos

Desde o princípio dos tempos, os seres humanos se expressaram por meio da arte, das pinturas simples das cavernas até as paisagens elaboradas e coloridas. As técnicas e cores usadas eram determinadas pela sua disponibilidade.

Os materiais disponíveis para os artistas pré-históricos eram muito limitados. Eles usavam apenas as cores que podiam ser extraídas da terra: o branco da greda e dos cristais de cálcio que revestiam o interior das cavernas; o vermelho, o marrom e o amarelo do ocre; o preto da madeira carbonizada. Para que esses materiais pudessem ser usados, eram misturados com gordura animal e aquecidos.

A EXPRESSÃO DA COR NA ARTE   83

Com a evolução da espécie humana, aprendemos a fazer tinturas de produtos animais, vegetais e minerais. As tinturas derivadas dos minerais eram de cores brilhantes e duradouras, mas as de origem animal e vegetal desvaneciam-se quando expostas à luz. Daí surgiu a idéia de produzir tinturas sintéticas e maior quantidade de cores.

Grande parte das civilizações antigas adotou cores específicas em suas culturas. As cores típicas do antigo Egito eram o branco, o preto, o turquesa, o verde, o vermelho, o azul-ultramarino, o amarelo-ocre e o marrom. Os egípcios produziam o verde a partir da malaquita, e o azul egípcio era uma mistura de sílica, cobre e cálcio. No início, eles obtinham o marrom a partir da trituração de corpos embalsamados, processo que deu à cor o nome de "marrom de múmia".

A especialidade dos antigos romanos era o vermelho-vivo. Eles obtinham essa cor do sulfeto de mercúrio extraído na Espanha. A outra cor que eles usavam muito era a púrpura de Tiro (cidade da antiga Fenícia), mas o custo exorbitante de sua produção transformou-a num símbolo de riqueza. Outra desvantagem era sua tendência para tornar-se preta quando exposta à luz.

Alguns autores tentaram relacionar as antigas pinturas italianas com os planetas e os elementos da natureza. Eles identificaram o vermelho com o fogo, o azul com o ar, o verde com a água e o cinza com a terra. Apesar disso, a cor mais apreciada pelos italianos era o azul-ultramarino, extraído do lápis-lazúli e de produção extremamente dispendiosa. As únicas cores consideradas de intensidade comparável eram o escarlate e o dourado.

O ouro, metal muito precioso e caro, foi usado pelos artistas do mundo inteiro. Devido às suas impurezas naturais, ele tem muitas vezes uma tonalidade levemente esverdeada. Para ganhar uma aparência mais quente, era colocado sobre argila vermelha. O ouro é mundialmente associado ao plano espiritual místico e à esfera celeste. Um exemplo disso é a auréola dourada em volta da cabeça dos santos e seres iluminados. Para usar ouro em folha numa pintura ou num afresco, a superfície tinha de ser preparada antes de as camadas serem sobrepostas. Feito isso, ela era alisada e polida com um maçarico.

No início do século XV, o refinamento da pintura a óleo abriu caminho para uma série quase infinita de possibilidades de cores. Usava-se uma técnica pela qual misturava-se pigmento em pó com óleo que demorava a secar. A vantagem desse processo era a facilidade para fundir e misturar as cores.

Os impressionistas, como Claude Monet, fizeram uma verdadeira revolução no uso artístico das cores em meados do século XIX. Seus quadros pintavam a natureza em seus diferentes aspectos e cores em constante mutação. As cores usadas eram vivas e abrangiam os tons complementares. Perto do final do século, a arte poética foi revivida, comunicando experiências emocionais, sensuais e espirituais.

No início do século XX, a arte abstrata era moda. Essa forma de expressão artística baseia-se na natureza dinâmica da cor, e é muito comum não ter nenhuma semelhança com o mundo exterior. A cor é usada de modos incomuns, sendo muitas vezes simplesmente despejada ou esparramada sobre a tela e espalhada com instrumentos pouco convencionais.

Arte como terapia

A arte pode ser terapêutica independentemente do estilo e da técnica empregados. Por intermédio do veículo criativo da cor, somos capazes de colocar no papel nossos pensamentos, sentimentos e aspirações espirituais, que podem ser de natureza tanto negativa quanto positiva. Por meio desse ato de expressão, o *stress* e a tensão, que se não fossem liberados poderiam resultar em alguma forma de doença, são trabalhados. Não é preciso ser um grande artista para se expressar por esse meio. Bastam algumas folhas de papel e um estojo de lápis de cor ou giz de cera.

A arteterapia começou a ser praticada na Inglaterra na década de 1940, sobretudo como resultado do trabalho do artista Adrian Hill e da psicoterapeuta Irene Champernowne. Enquanto convalescia de uma tuberculose, no hospital, Adrian Hill passava o tempo desenhando e pintando. Ele estimulava os outros pacientes a fazer o mesmo, com a esperança de que essa atividade os afastasse da preocupação com suas doenças e dos traumas causados pela guerra. Surpreso, Hill percebeu que eles expressavam seus medos e traumas por meio da arte.

Irene Champernowne estudou psicoterapia sob a orientação de Carl Gustav Jung. No método junguiano de usar a pintura e a modelagem para ajudar os pacientes a expressar sentimentos inconscientes, ela encontrou ajuda para atravessar sua própria crise emocional. Depois de formada, ela e seu marido fundaram um centro de psicoterapia por meio da arte.

Outra discípula de Jung que se tornou uma das principais praticantes da arteterapia na Grã-Bretanha foi Rita Page Barton. Em um artigo, publicado logo após sua morte, em 1986, ela escreveu: "O valor terapêutico da arte de trazer à tona os poderes curativos do próprio paciente é constantemente demonstrado e não deixa nunca de ser admiravelmente inspirador."

Desde que foi criada, a arteterapia nunca deixou de evoluir, e é hoje praticada em várias partes do mundo.

Como demonstraram as experiências de seus fundadores, essa forma de terapia ajuda as pessoas a expressar visualmente pensamentos e sentimentos. Alguns medos e raivas expressos estavam tão profundamente enterrados que a pessoa nem sabia que existiam. Dar a eles uma forma visual pode ser o primeiro passo em direção à cura. É só quando reconhecemos a existência do problema que podemos trabalhar para superá-lo.

No início, a pessoa que nunca se trabalhou dessa forma pode encontrar dificuldade para expressar espontaneamente os sentimentos. Mas depois costuma ficar tão envolvida com o que está fazendo que os medos e inibições são esquecidos, possibilitando maior liberdade de expressão. Se esta for sua primeira tentativa, você poderá pegar-se fazendo impetuosos borrões de tinta ou rabiscos nervosos. Não desista com a desculpa de que isso não é para você. O domínio de qualquer atividade que valha a pena exige tempo e paciência.

Se você está com algum problema de saúde ou suportando muita tensão, talvez prefira trabalhar sob a orientação de um arteterapeuta qualificado. Às vezes esse tipo de terapia é feito em grupos de oito a dez integrantes. Cada um trabalha individualmente, mas é encorajado a ajudar os outros e a participar dos projetos do grupo. A arteterapia em grupo é recomendada para pessoas que têm dificuldades de relacionamento ou que sofrem de males como alcoolismo, dependência de drogas, anorexia ou bulimia.

Mesmo para quem está se sentindo bem e não tem consciência de estar sob tensão, trabalhar com essa forma de arte pode ser um exercício muito interessante. A familiaridade com uma técnica terapêutica facilita a sua aplicação quando é preciso. Outra vantagem é que a pessoa tem o material para usar se e quando sentir necessidade.

Exercício

Para este exercício, você vai precisar de papel branco e um estojo de lápis de cor ou giz de cera.

Muitas vezes as coisas não funcionam de acordo com o planejado. Isso pode nos deixar irritados, magoados, irados ou frustrados. Costumamos guardar esses sentimentos para nós mesmos ou então lançá-los sobre as pessoas mais próximas. Na próxima vez que isso ocorrer, procure um cantinho sossegado para expressar seus sentimentos no papel com lápis de cor. O resultado disso pode ser uma série de traços pretos e vermelhos entrelaçados. Não se preocupe. Você é a única pessoa a ver o desenho, a não ser que queira mostrá-lo a alguém, e poderá destruí-lo imediatamente se quiser. É muito melhor liberar os sentimentos negativos dessa forma do que guardá-los dentro de si mesmo, onde podem acabar se manifestando como doença física.

A expressão terapêutica
do som por meio da cor

A cor e o som têm muita afinidade. A freqüência vibratória de cada som corresponde à freqüência de uma das cores do espectro. Isso faz de cada melodia, sinfonia e ópera uma paisagem criativa que está sempre mudando de cor e, também, uma abrangente cacofonia de sons.

Exercício

Para este exercício, você vai precisar de papel branco, um estojo de lápis de cor ou giz de cera e dois CDs, um de música clássica de sua preferência, e o outro de jazz, rock ou música popular.

Encontre um lugar tranqüilo onde você não seja perturbado. Coloque um dos CDs para tocar. Enquanto ouve a música, escolha as cores que considera adequadas para o tom da música e, em seguida, expresse no papel os sentimentos que a música evoca em você. Depois de aproximadamente quinze minutos, coloque para tocar o outro CD e repita a operação.

Quando tiver concluído os dois desenhos, compare-os, procurando descobrir que emoções, pensamentos e aspirações a música trouxe à tona em você, e observe como você os expressou nos desenhos.

7

Mandala

Outra forma criativa de trabalhar com a cor é por meio de mandalas. A tradução literal da palavra sânscrita mandala é "circunferência, centro ou círculo mágico". Para criar uma mandala são necessárias duas coisas. A primeira é um círculo, e a segunda, um ponto central. O círculo é formado por uma linha que não tem começo nem fim, o que faz dele o símbolo da eternidade. O ponto central representa a unidade, a perfeição e nosso próprio ser individual e divino.

A mandala era usada como arte curativa pelos hindus, pelos budistas tibetanos e pelos índios americanos antes de serem dominados pela civilização ocidental. Foi Carl Gustav Jung, o primeiro a estudar o inconsciente coletivo, quem introduziu a idéia da mandala na psicologia moderna. Jung começou a usar mandalas para trabalhar com seus próprios conflitos interiores. Quando começou a desenhá-las, não tinha nenhuma idéia do que estava fazendo. Ao compreender que as mandalas que tinha desenhado representavam seu processo interno de cura, ele começou aos poucos a usá-las com os pacientes.

Para o praticante experiente, a mandala pode revelar o estado mental consciente e inconsciente. Pensamentos, experiências e sentimentos dolorosos demais para serem expressos verbalmente podem ser comunicados por meio dessa forma de arte. A mandala consegue desbloquear delicadamente as experiências dolorosas e os medos que foram empurrados para a mente inconsciente e que, talvez, estejam se manifestando como sintomas físicos.

Trabalhar com mandalas — criando as suas próprias, colorindo as já desenhadas ou usando-as ativamente na meditação — ajuda a pessoa a se curar, relaxar, reduzir o nível de *stress* e expressar seus sentimentos mais profundos.

As mandalas apresentadas neste capítulo devem ser usadas com o objetivo de trabalhar com a cor e a contemplação. Escolha você mesmo as cores para cada uma das mandalas apresentadas. Depois de coloridas, cada uma pode ser usada para facilitar a meditação, de duas maneiras. A primeira é ler a descrição dada a cada mandala e, em seguida, refletir sobre o que se acabou de ler contemplando a mandala e suas cores. A segunda é colocar a mandala num lugar onde você possa refletir a respeito dela confortavelmente. Comece pelo círculo externo. Ele representa onde você está agora no tempo. Mova seu olhar pela mandala até o ponto central, que representa a sua parte divina que é eterna. A cada vez que trabalhar com uma mandala dessa maneira, é possível que você tenha novas percepções do que ela está lhe dizendo. Mas, para que isso aconteça, você precisa trabalhar com ela regularmente.

Talvez depois de trabalhar com essas mandalas você sinta inspiração para criar as suas. Qualquer que seja o seu modo de trabalhar, espero que você encontre a cura, o relaxamento, a paz e a felicidade.

1. Os sete degraus cósmicos

Todos nós aceitamos e estamos familiarizados com o corpo físico, o veículo que nos possibilita atuar neste plano terreno, mas poucas pessoas sabem que existe nele algo além do plano físico, fora do tempo e do espaço. Esta mandala indica como podemos nos tornar mais conscientes desse outro aspecto de nós mesmos, despertando para a nossa própria espiritualidade.

O círculo externo da mandala representa onde nós, seres humanos, estamos agora no tempo. Os pequenos círculos dentro da circunferência representam os desafios, as atitudes negativas e a rigidez que temos de vencer para estabelecer um contato mais estreito com nossa porção eterna, aquela que não tem princípio nem fim.

Voltando o olhar mais para dentro do círculo, encontramos sete círculos menores ao redor de uma forma de sete pontas com uma chama no centro. Sete é um dos números sagrados; é o número relativo ao universo, e representa a completude, a totalidade. No budismo, sete é o número dos estágios cósmicos que precisam ser atravessados para transcender o tempo e o espaço e chegar à realidade divina. Eles são comparados aos sete passos que supostamente foram dados pelo Buda.

Esses sete círculos representam os sete degraus que temos de escalar se quisermos integrar nossa própria divindade. Cada degrau traz um novo desafio, o abandono de antigos padrões, das partes de nossa densidade que nos impedem de entrar em contato com a realidade última. Em geral, isso é algo muito difícil de fazer. Os velhos padrões conhecidos representam proteção e segurança. Abandoná-los significa criar coragem para fluir com as energias da vida e também ter confiança e fé em nós mesmos.

Quando aceitamos e enfrentamos esse desafio, os densos círculos externos se desintegram, aumentando a chama interior, que está ligada à chama central, e fazendo-a brilhar em nós.

Uma estrela de sete pontas ocupa todo o espaço do círculo interno, representando os sete chakras principais, descritos no capítulo 4. O número sete compreende os números três e quatro. O quatro representa a terra, o corpo físico, e está associado aos quatro chakras inferiores. O três tem relação com a alma, a esfera espiritual e os três chakras superiores. Esses sete chakras podem também ser comparados aos degraus que conduzem ao divino.

Ao chegarmos ao último degrau, o chakra da coroa, alcançamos o centro da mandala. Ali encontramos uma estrela de sete pontas menor, circundando uma chama de luz. As sete pontas dessa estrela

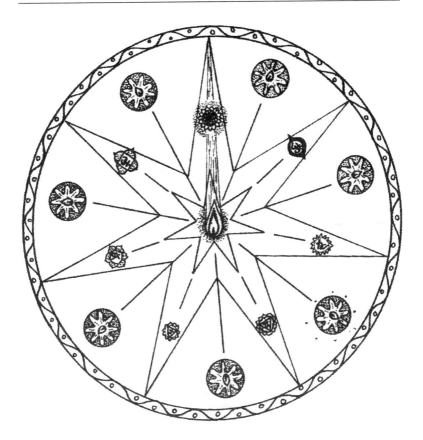

referem-se ao macrocosmo, à completude, à totalidade e à perfeição. É nesse ponto que integramos nosso ser verdadeiro e eterno e somos capazes de nos fundir na chama sagrada da vida.

Quando terminar de contemplar essa mandala, fique sentado por alguns minutos em reflexão.

2. Seres de luz

Somos seres de luz, cercados e permeados de luz. Quanto mais perto chegamos da luz divina, mais clara se torna essa realidade.

Pouse o olhar nas estrelas que formam a extremidade da mandala. Elas representam a luz, em suas inúmeras freqüências vibratórias, e a aura que circunda e permeia o corpo físico.

Leve agora o olhar para o centro do círculo, onde há uma cruz dentro de um triângulo. A cruz aponta para as quatro direções, e o triângulo tem três lados. A soma dos dois é sete, o número da completude, da consciência de Deus.

Se concentrarmos a atenção no triângulo, veremos nele a natureza tripla do universo: céu, terra, homem; pai, mãe, filho. Podemos também perceber a natureza tripla de nós mesmos: corpo, mente,

espírito. É com essa tríade que temos de trabalhar para crescer e tomar posse de nosso próprio poder criativo.

Desse poder criativo, passamos para a cruz, desde os tempos antigos um símbolo universal da comunicação entre o céu, a Terra e a vida eterna. O número quatro, derivado das quatro partes da cruz, diz respeito à Terra, à solidariedade, à integridade e à totalidade. Essas quatro partes simbolizam também os quatro elementos, os quatro pontos cardeais, as quatro estações e os quatro cantos da Terra.

A linha vertical da cruz representa o aspecto espiritual, intelectual, positivo, ativo e masculino; e a horizontal, o aspecto terreno, negativo, passivo e feminino. A cruz denota, portanto, nossa natureza andrógina, e o ponto de encontro das linhas horizontal e vertical representa a necessidade da união espiritual desses opostos para nos tornarmos inteiros.

Quando alcançamos esse estado de totalidade, a luz universal irradia-se para cada parte de nosso ser e também para as pessoas que estão preparadas para recebê-la.

Depois de contemplar essa mandala, passe alguns minutos refletindo. Procure descobrir o que ela revela a você.

3. O oitavo degrau

Esta mandala refere-se à chegada ao oitavo degrau, o degrau da iluminação ou da consciência de Deus. É o último degrau que todos os seres vivos empenham-se para alcançar.

Olhando para a mandala como um todo, descobrimos que ela é composta de uma cruz de lados iguais com um círculo no centro. O círculo representa a infinitude do tempo e do espaço. Ele não tem começo nem fim, nem parte de baixo nem parte de cima. Quando o círculo é colocado no centro de uma cruz, indica poder e majestade.

A cruz simboliza a forma humana em sua capacidade máxima. Representa também a Árvore da Vida e a árvore que alimenta. Nós, seres humanos, podemos ser comparados a essa árvore da vida. Nossos pés são as raízes, e precisam estar firmemente plantados na terra para podermos estender nossos galhos para o céu. A terra prové o sustento físico, e o céu, o alimento espiritual, ambos essenciais para o nosso crescimento.

Para alcançar o poder sagrado e assumir essa responsabilidade, bem como para alcançar a majestade representada pela cruz e pelo círculo, temos de aprender a dominar todos os aspectos do nosso ser. Os quatro pontos da cruz referem-se a isso, ensinando a moderação em todas as coisas: não devemos comer demais nem passar fome; nem dormir demais nem de menos; devemos falar apenas quando é

MANDALA 95

construtivo e necessário; e a meditar mais para integrar a vida espiritual em nós.

Dentro do círculo, há oito círculos menores, cada um encerrando uma estrela de quatro pontas. Espiritualmente, o número oito é a meta do iniciado. Tendo ascendido os sete degraus e atravessado os sete estágios da iniciação, ele chega ao oitavo degrau, onde se funde num oceano cósmico de amor.

No centro da mandala há três círculos concêntricos. Eles representam o passado, o presente e o futuro, que nesse estágio de desenvolvimento integram-se no agora. Todas as coisas existem no agora. O passado não existe mais, o futuro é um sonho, restando apenas o momento presente, o agora.

4. O caduceu

Esta mandala trata da dualidade, da polaridade e da necessidade de transcendê-las para nos tornarmos inteiros.

Para isso, temos de aceitar a dualidade de nossa natureza. Temos de aceitar as energias masculina e feminina que fazem parte de nós, o bom e o mau, o positivo e o negativo. Para nos tornarmos inteiros, temos de transcender a polaridade. Isso leva a um estado de vazio. O ritmo é o padrão básico da vida. Destruindo o ritmo, destruímos a vida.

A filosofia iogue tem um modo maravilhoso de descrever isso. Ela compara a polaridade a um pêndulo oscilante, sobre o qual, nos vários pontos ao longo de seu eixo, nós estamos sentados. Quando o pêndulo oscila para a direita, nós nos sentimos felizes, positivos e cheios de energia. Mas quando ele volta a oscilar para a esquerda, nos sentimos insatisfeitos, tristes, negativos e desvitalizados. A jornada da vida apresenta o desafio de chegar ao ponto imóvel do pêndulo. É nele que o movimento deixa de existir; é nesse ponto que os aspectos positivo e negativo, o yin e o yang, o masculino e o feminino integram-se numa totalidade.

Ao contemplar essa mandala, leve a consciência para dentro do círculo. Tudo o que é trabalhado dentro de um círculo fica protegido. A primeira coisa que se vê são dois pássaros voando. Eles representam a nossa dualidade: o manifesto e o não-manifesto; os hemisférios esquerdo e direito do cérebro; as trevas e a luz.

Os pássaros estão voltados para o caduceu, também conhecido como "bastão" ou "bastão heráldico". É o símbolo da medicina. Ele compreende o bastão (o eixo central) em torno do qual estão duas serpentes enroscadas. No topo do bastão há duas asas.

O bastão (cetro) é o símbolo do poder e é considerado o "eixo do mundo" que todos os mensageiros dos deuses percorrem entre o céu e a Terra.

No meio do bastão encontra-se o coração, com uma asa de cada lado. O coração é o centro do ser, tanto no plano físico como no espiritual, e representa a sabedoria dos sentimentos, da compaixão e da compreensão. Quando trabalhamos para unir energias contrárias, temos de fazê-lo com compaixão, amor e compreensão. Isso nos tornará capazes de irradiar todas essas qualidades para todas as pessoas com quem entrarmos em contato.

À medida que adquirimos controle sobre nós mesmos e trabalhamos para unir os aspectos duais de nossa natureza, alcançamos as asas no topo do bastão. Esse ponto fica na altura do chakra da fronte. As asas representam a vitória, o vôo da liberdade, o poder sagrado e a divindade. É só quando atingimos esse ponto que podemos, pelo amor incondicional, nos unir à realidade última.

Fique sentado por alguns minutos em silêncio e procure compreender o que essa mandala lhe diz. Ela pode estar dizendo algo totalmente diferente, algo muito apropriado para você no momento presente. Talvez seja bom você fazer um diário para anotar suas experiências e avaliar seu padrão de crescimento.

5. O vôo

Esta mandala (ver página 98) expressa a liberdade de voar, conquistada por nosso esforço para transcender o plano físico.

Nesse estágio de desenvolvimento, já quebramos todos os antigos padrões que bloqueavam nosso caminho e aprendemos a dominar nossas energias. Chegamos à compreensão de que este mundo é transitório, é *maya*, é ilusão. O estado de iluminação que acabamos de alcançar nos proporciona uma paz e uma compreensão que poucas pessoas conseguem vivenciar.

Estamos livres. Apesar de continuarmos a viver no corpo físico, no mundo físico, seus problemas, ansiedades e conflitos não nos afetam mais. Estamos no mundo, mas não somos do mundo. Cristo disse: "Eu e meu Pai somos o mesmo", sugerindo que Ele tinha encontrado e se unido à consciência divina que existe em cada um de nós.

Só agora nós, como os pássaros da mandala, podemos ter a liberdade de voar; liberdade para sermos quem realmente somos. Quando isso acontece, quando nossa dualidade se transforma em unidade, é como uma tremenda explosão de luz que preenche cada célula de nosso ser. Estamos agora prontos para deixar que essa luz seja canalizada através de nós para aqueles que estão prontos para recebê-la.

6. O homem

Com esta mandala, começamos no centro com a estrela de cinco pontas situada dentro do pentágono. Ambos os símbolos representam a figura humana com braços e pernas estendidos: o microcosmo humano dentro do macrocosmo do círculo.

As cinco pontas da estrela e o pentágono representam os cinco sentidos e os cinco elementos que nos constituem. A estrela de cinco pontas representa também nossa individualidade integral e nossas aspirações integrais.

Em volta do pentágono, há dez estrelas de cinco pontas. Dez é o número do cosmo. Ele contém todos os números, portanto todas as possibilidades. Dez é o número perfeito, o retorno ao um, à unidade.

Quando você contempla a mandala, o que ela lhe diz? Você sabe que seu ser integral constitui um universo em miniatura? Tem

O USO DA COR NO SEU DIA-A-DIA

consciência de que todas as coisas são possíveis se você realmente quiser e trabalhar para consegui-las? Reflita por um momento sobre sua vida. Pense em algumas coisas que você realmente gostaria de realizar e visualize-se realizando-as. Da mesma maneira, tome consciência das coisas que não lhe servem mais e trabalhe para tirá-las de sua vida. Isso pode envolver mudanças que exijam coragem e confiança. Se criarmos coragem para passar pelas mudanças necessárias, descobriremos novas portas, um novo começo se abrindo para nós.

7. Os elementais

Esta mandala representa os quatro elementos e os elementais responsáveis por eles.

Muitas pessoas tomam esses elementos como óbvios, sabendo muito pouco, quando sabem, sobre os elementais responsáveis por eles. O propósito desta mandala é prover alimento para a mente e, talvez, ajudar a estabelecer contato e pensar nos elementos que compõem nosso corpo físico.

Os quatro elementos, as forças passivas da natureza, são a terra, a água, o fogo e o ar. Existe um quinto elemento, o éter, dentro e fora de nós. Cada um dos quatro elementos tem seu próprio símbolo, cor, atributo e elementais.

A terra é simbolizada por um quadrado ou cubo, exibindo as cores marrom, preta ou amarela. Sua qualidade é a solidez e a frieza, e seus guardiães são os gnomos.

A água é representada ou por linhas onduladas, ou por um triângulo voltado para baixo. A cor que lhe é atribuída é ou o azul, ou o verde. Ela simboliza as qualidades da umidade, da fluidez e da aderência. Os elementais que cooperam com ela são as ondinas.

O símbolo do ar é um círculo ou um arco, e sua cor é o azul ou o dourado do Sol. As propriedades atribuídas a ele são a aridez, a luz e a mobilidade. Os elementais associados a ele são as sílfides.

O fogo é representado por chamas, raios ou por um triângulo com a ponta voltada para cima. As cores a ele associadas são o vermelho ou o laranja. Suas qualidades são o calor e o movimento, e seus elementais são as salamandras.

Na mandala, o elemento terra está representado por pedras, formando o limite do círculo interno. A água é representada pela lagoa sobre a qual flutuam nenúfares, representando o ar. O elemento fogo está na estrela.

Fique sentado em silêncio contemplando a mandala, observando as imagens ou pensamentos que lhe vêm à mente. Pergunte-se qual é sua visão do conceito expresso por essa figura.

8. Proteção

Se procurarmos no dicionário, a definição dada ao verbo "proteger" é defender do perigo ou da agressão. Ao aplicar essa definição a si mesma, a maioria das pessoas pensaria apenas no corpo físico. Mas esta mandala vai além do corpo físico, e pretende nos ensinar a nos proteger em todos os níveis do nosso ser.

Quanto mais sensíveis somos, mais vulneráveis ficamos às agressões psíquicas e à presença de energias negativas. Nossa vulnerabilidade aumenta quando participamos de atividades que envolvem muitas pessoas. Esses eventos podem esgotar a nossa energia. Sem saber, a multidão funciona como um mata-borrão, sugando a energia das pessoas mais sensíveis. Por isso, as pessoas que trabalharam para aumentar a sensibilidade precisam proteger-se antes de iniciar cada dia.

Um dos meios mais simples de fazer isso é visualizar-se envolto num manto azul. Esse manto deve cobrir a cabeça e estender-se até o chão. Ele é fechado na frente por um longo zíper. Ao despertar, todas as manhãs, imagine-se vestindo esse manto e fechando o zíper. Em seguida, imagine-se envolto num círculo dourado de luz e proteção. Peça para que essas imagens o protejam de toda negatividade pelas próximas 24 horas.

Coloque a mandala em algum lugar onde você possa vê-la sem esforço. Começando pelo centro, você verá quatro cristais de duas pontas dispostos na forma de duas cruzes. Os cristais manifestam a luz do nosso ser divino, que se irradia para todas as partes do nosso ser. Eles formam o centro de uma flor de oito pétalas abertas. Oito é o número que significa a ressurreição do verdadeiro, depois de passarmos pelos sete degraus da iniciação. Quando alcançamos o oitavo degrau, abrimo-nos, como a flor, para revelar a luz espiritual.

Afastando os olhos do centro, você encontrará um círculo de folhas em volta da flor aberta. Se observar com atenção as folhas de uma planta e depois as pétalas de uma flor da mesma planta, você perceberá que elas têm muita semelhança entre si. A diferença é que as pétalas tomaram uma forma mais bela. Essa nova forma pode ser descrita como uma transmutação das folhas. Folhas que passaram para o estágio seguinte de evolução. Há doze folhas em volta da flor aberta. Doze é o número que representa a conclusão de um ciclo que resulta numa transmutação.

Olhando para o círculo externo, você verá uma cerca de pontas protetoras. Ela protege a flor delicada que acabou de desabrochar, e permite que a flor desabroche e canalize a luz que emana de seu centro. Quando alcançamos o estágio representado pela mandala,

precisamos também nos proteger das energias negativas com que entramos em contato, para poder, como a flor, irradiar nossa luz interior em seu pleno esplendor.

Ao concentrar a visão no círculo externo da mandala, visualize-se protegido pelo manto azul e envolvido pelo círculo dourado de luz.

9. Integração

Em vários capítulos deste livro nos referimos à integração de nossos aspectos antagônicos, que correspondem aos hemisférios direito e esquerdo do cérebro, às energias masculina e feminina inerentes a todo ser humano e às energias negativas e positivas. Estamos entrando em um período muito interessante da história de nosso planeta, uma época em que a Terra e todos os seus habitantes estão se empenhando para elevar a consciência a uma outra dimensão. Para fazer isso, cada um de nós tem de integrar os aspectos duais de sua natureza.

A figura básica desta mandala é a estrela de Davi, formada por dois tetraedros interligados que representam as energias masculina e feminina. O triângulo apontado para cima simboliza a energia masculina, e o triângulo em posição contrária, a energia feminina. Essa forma geométrica sagrada envolve todo ser humano vivo em estado de movimento constante.

Ao contemplar essas duas formas, reflita sobre a sua própria dualidade. Se você é uma pessoa que trabalha principalmente com o intelecto e o hemisfério esquerdo do cérebro, considere a possibilidade de assumir uma atividade criativa para integrar o hemisfério direito do cérebro. Se trabalha sobretudo com a criatividade, esforce-se para integrá-la ao intelecto. Se você encarnou num corpo de mulher, já pensou na sua energia masculina? Se não, procure pensar nisso. O contrário vale para quem encarnou num corpo de homem.

Em volta da circunferência do tetraedro estão as estrelas luminosas contendo ou os triângulos femininos apontados para baixo ou os triângulos masculinos apontados para cima. Procure descobrir qual dessas energias é mais forte em você. Se você é mulher, não significa necessariamente que a energia feminina seja mais forte que a masculina.

Finalmente, fixe o olhar no ponto central. É nele que testemunhamos a fusão das energias que criam o estado da consciência de Deus. O que isso significa para você?

As informações sobre essa mandala podem ser totalmente novas para você. Se for esse o caso e você não entender o princípio que está por detrás delas, não se preocupe. Pense nisso e deixe que o Eu superior lhe revele o verdadeiro significado quando você estiver preparado para entender. Lembre-se de que, quando as sementes são plantadas na escuridão sagrada da terra, cada uma delas germina exatamente no momento certo, nem antes nem depois.

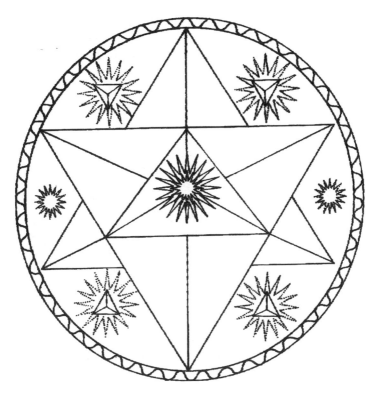

8
A cor em casa e no jardim

Ao planejar a decoração de qualquer parte de sua casa, é importante que você esteja familiarizado com os atributos de cada cor e suas combinações. O modo mais fácil de alcançar essa familiaridade é por meio do gradiente de cores.

Exercício

Desenhe um círculo e divida-o em doze partes. Pinte três dos segmentos com as cores primárias — vermelho, azul e amarelo (ver diagrama A). Acrescente depois as cores secundárias — verde, laranja e violeta (diagrama B). Você lembra que as cores secundárias são produzidas pela mistura de quantidades iguais das cores primárias situadas em cada um de seus lados? O verde é produzido pela mistura de azul com amarelo; o laranja, pela mistura de vermelho com amarelo; o violeta, pela mistura de azul com vermelho.

Pinte os segmentos restantes com as cores terciárias (diagrama C). Estas são produzidas pela mistura de proporções iguais de uma cor primária com a secundária mais próxima; vermelho misturado com laranja resulta no vermelho-alaranjado; laranja misturado com amarelo produz o dourado; amarelo com verde resulta no verde-lima; verde com o azul cria o turquesa; azul com violeta cria o índigo; violeta com vermelho resulta no magenta.

Essas doze cores podem ser clareadas pelo acréscimo de água ou escurecidas pelo acréscimo de preto.

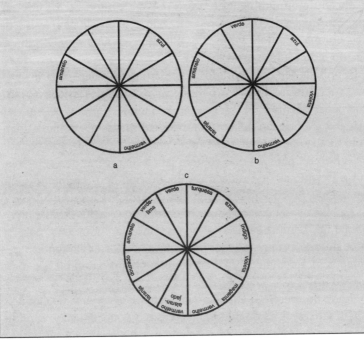

As cores em casa

Quando escolhemos cores para um ambiente, é importante observar suas tonalidades. Todos os tons claros tendem a harmonizar-se, mas os escuros não. Experimente tons variados da mesma cor; com as cores harmonizantes das partes adjacentes do gradiente de cores, por exemplo laranja e amarelo, e com uma cor e sua cor complementar.

A decoração da casa deve refletir sua personalidade e satisfazer suas necessidades internas. Procure avaliar o que a casa significa para você. É um lugar de retiro para revitalizar-se? Você prefere um ambiente cheio de móveis ou com mais espaços vazios? Prefere estar com outras pessoas ou a sós? Gosta de estilo simples ou sofisticado?

Outro aspecto importante a ser considerado quando se planeja a decoração de um ambiente é o uso que ele vai ter. Se for um ambiente no qual você espera relaxar, não é aconselhável o uso de cores vibrantes como o vermelho, o laranja e o amarelo. Escolha as cores do lado azul do espectro.

Depois de ter considerado as preferências e necessidades pessoais, você precisa também considerar os atributos físicos do ambiente a ser decorado. Observe seu tamanho e formato, o número de janelas e a posição delas no ambiente. Procure averiguar a quantidade de luz natural que penetra no ambiente e se ele está voltado para o Sol. As paredes que contêm janelas em geral parecem mais escuras do que as que refletem a luz do Sol. Se o ambiente é em geral quente, procure usar tonalidades de azul, verde ou violeta. Se é frio, escolha as tonalidades mais quentes do vermelho, do laranja e do amarelo. Lembre-se de que o vermelho faz o ambiente parecer menor do que é na realidade, portanto não abuse dele em espaços pequenos ou que têm o pé-direito baixo. O contrário aplica-se para o uso do azul.

Desde que surgiu o aquecimento central, as lareiras de carvão e lenha desapareceram da maioria das casas. O que, em certo sentido, é uma pena, porque a lareira era o centro e o coração da casa. Era o lugar em que a família se reunia com os amigos e parentes. Era o lugar de socialização e comunicação, e as cores usadas refletiam esse propósito. A televisão, embora às vezes seja útil, é outro aspecto da tecnologia moderna que ajudou a acabar com esse tipo de convivência e com a arte de conversar. Talvez se devesse voltar a criar um centro no lar por meio do uso de cores.

Hall *e escada*

A parte da casa que é vista primeiro pelos amigos e visitantes é o *hall* de entrada. Antes de decorar esse local, você deve considerar vários fatores, como o tamanho, a quantidade de luz que penetra nele e a impressão que você deseja criar, que pode ser de vitalidade ou de paz e tranqüilidade, moderna ou convencional.

Se o *hall* de entrada de sua casa é pequeno e pouco iluminado, escolha tonalidades claras do espectro frio, pois elas criam a ilusão de aumento do espaço e da claridade. Se usar papel de parede estampado, escolha de preferência um com desenhos pequenos, pois desenhos grandes num espaço pequeno podem torná-lo muito opressivo.

Se o corredor é longo e estreito, providencie iluminação adequada. Nesse caso, eu usaria tinta nas paredes em vez de papel. Quadros com pinturas interessantes conduzirão o olhar até o aposento no final do corredor e dissiparão a monotonia.

Se você está decorando o *hall* de entrada, o corredor e as escadas de sua casa e deseja criar uma atmosfera de paz e tranqüilidade, procure usar azul e branco. Para o piso do *hall* e das escadas, escolha um carpete que combine com a pintura, mas lembre-se de que essa é a parte mais transitada da casa. Se escolher um carpete de cor muito clara, você terá que limpá-lo freqüentemente.

Sala de estar

A sala de estar é geralmente a parte da casa em que a família se reúne com os amigos e visitantes. Na época vitoriana, especialmente nas casas mais pobres, essa sala era usada apenas em ocasiões especiais para a recepção das visitas. Era mantida imaculadamente limpa e usada para impressionar.

Esse espaço é normalmente o maior da casa e onde penetra a maior quantidade de luz natural. Se ele é usado principalmente para a convivência, talvez você queira criar um efeito aconchegante e

110 O USO DA COR NO SEU DIA-A-DIA

sofisticado. Isso pode ser conseguido pelo uso de cores neutras, como os diferentes tons de marrom, bege, branco, creme e cinza, usados freqüentemente para combinar ou realçar as várias tonalidades do espectro. Essas tonalidades podem também realçar a beleza de um quadro, de uma escultura ou de uma peça de porcelana ou vidro, ou ainda de um arranjo de flores. As cores neutras, além de refletirem a natureza da terra, da pedra, da madeira e da areia, representam também o mundo artificial do metal, do vidro e do concreto.

Outra cor que você pode considerar para esse ambiente é o verde. Essa cor é encontrada em abundância na natureza. É uma cor que se fixa diretamente na retina do olho, e é, por isso, calmante para a vista. Todos os tons de verde harmonizam-se uns com os outros. Isso pode ser constatado nos diferentes tons de verde da natureza. Na sala de estar, o verde pode ser acentuado por um rosa-claro ou magenta. O verde pode também complementar certos tons de azul e harmoniza-se com a cor turquesa e os tons pastel.

Se, ao contrário, esse é o espaço que você usa para relaxar, considere os tons de azul. O azul tem o dom de causar a sensação de aumento do espaço e traz paz e tranqüilidade. Na decoração, os azuis difusos são melhores para as superfícies amplas, e os azuis intensos, para os espaços ou objetos menores. Se você preferir ter paredes brancas para decorar com obras de arte, use azul nos móveis e na decoração.

Sala de jantar

A área reservada para as refeições pode ser parte da sala de estar, da cozinha, ou uma sala à parte. Essa área reflete o estilo de vida de quem a decorou. Ao escolher as cores para esse ambiente, lembre-se de levar em consideração a cor dos objetos de porcelana ou de vidro que pretende colocar nele.

Da próxima vez que comer em um restaurante, observe a combinação de cores. É muito provável que você encontre lá um bocado de vermelho. Isso porque o vermelho é uma cor que estimula tanto

A COR EM CASA E NO JARDIM

o apetite quanto a conversa, mas é também uma cor ou amada ou detestada por sua vibração, ousadia e espalhafato. Se você não gosta dessa cor, não é aconselhável usá-la, mas se ela lhe agrada, comece usando-a em pequenos detalhes decorativos.

Experimente usar guardanapos de mesa, velas e flores vermelhas antes de ousar adquirir objetos mais caros dessa cor. Não se esqueça de que o vermelho inclui os tons ruivo e vinho. Se você pretende ter uma iluminação fraca, deve contrabalançá-la com alguma tonalidade mais clara e neutra do vermelho.

Dormitório

O dormitório é para a maioria das pessoas o lugar de descansar e dormir, mas ele pode também ser um santuário, um lugar para estar a sós, ler, meditar e ficar em silêncio. Um lugar onde você possa ser você mesmo.

As cores que eu escolheria para esse ambiente são os diferentes tons claros de azul e lilás. Essa duas cores proporcionam paz e tranqüilidade, e o azul pode envolvê-lo em um manto protetor enquanto você dorme. O azul-escuro, tendendo para o índigo, é considerado bom para ajudar a recordar os sonhos.

A vantagem do lilás é que ele proporciona uma sensação de calor. Isso é importante se o quarto for potencialmente frio. Com o lilás estão os tons claros do rosa. O rosa, uma das tonalidades mais suaves do vermelho, pode dar um toque feminino ao quarto de dormir.

Se você escolher usar uma cor predominante na decoração, equilibre-a com um tom mais suave da mesma cor ou com uma cor contrastante na roupa de cama ou na colcha. Se, ao contrário, você gosta de mudar, introduza a cor predominante na roupa de cama, nas almofadas e cortinas. Custa muito menos mudar esses acessórios do que redecorar o quarto todo. Uma vez decorei meu quarto tendo como cor principal o lilás-claro. Pintei as paredes de branco, o teto de cinza-claro, coloquei carpete e cortinas púrpura, roupa de cama

112 O USO DA COR NO SEU DIA-A-DIA

com beiradas brancas e almofadas lilases contrastando com tons de rosa-claro. A cor do carpete refletia-se no teto, criando uma atmosfera de calma e tranqüilidade. Essa combinação de cores me proporcionava uma sensação muito agradável.

Quarto de estudo/trabalho

Para o quarto de estudo e trabalho, o amarelo é a cor ideal. Essa é a cor mais próxima da luz e é associada com o brilho do Sol. É também associada com o intelecto e a atividade mental.

Os amarelos cítricos e metálicos dão um toque de alegria ao ambiente, mas devem ser usados apenas em pequenas quantidades nos móveis e tecidos. Nas superfícies mais amplas, pode-se acrescentar um pouco de amarelo na tinta branca para criar um tom creme, que tira a sensação de frieza do ambiente e causa uma leve sensação de aconchego.

O uso da tonalidade certa do amarelo no quarto de estudo ou escritório contrabalançará a sensação de gravidade criada pelos móveis e equipamentos sólidos e escuros.

Outro modo de reduzir a força do amarelo e proporcionar a sensação de calor é pela introdução de pequenas proporções de laranja. Mesmo sendo o laranja menos dinâmico que o vermelho, é difícil usá-lo em grandes quantidades num ambiente. Quando introduzido num ambiente basicamente amarelo, ele pode proporcionar uma sensação de alegria e vibração.

Cozinha

A cozinha é um lugar de grande atividade. Antigamente era um lugar espaçoso e um dos mais importantes. Ali era preparada a comida, faziam-se as refeições, e era onde os membros da família se reuniam. A cozinha era normalmente o lugar mais quente da casa.

Com o surgimento de fogões mais eficientes e rápidos, a cozinha tornou-se menor nas casas modernas. Acho que com isso perdeu-se algo muito importante. Talvez num nível profundo do subconsciente, outras pessoas também estejam sentindo essa perda e tentando compensá-la pelo aumento do tamanho da cozinha.

O amarelo foi usado em suas diferentes tonalidades na cozinha por muito tempo. Talvez por sua relação com o Sol. Sendo a cor mais próxima da luz, o amarelo dá a impressão de limpeza e de ter qualidades anti-sépticas.

Sendo a cozinha um lugar normalmente quente, seria insensato usar nela as cores vibrantes do espectro quente. Quando preparamos a comida, nossos humores e níveis energéticos passam para ela. Lembre-se de que as cores afetam nossos humores. Um meio de testar isso por conta própria é pelo uso do fermento. O fermento é um organismo muito sensível que reage à atmosfera circundante. Quando faço pão, se estou feliz e relaxada, a massa cresce sem dificuldade. Se estou cansada e deprimida, a massa demora uma eternidade para crescer. Tive essa experiência mais de uma vez. Atualmente, se não estou me sentindo bem, não mexo com fermento.

Outra cor benéfica para a cozinha é o azul, especialmente se ela for pequena. O azul criará uma impressão de distanciamento e causará paz e relaxamento. Ele pode ser complementado com pequenas quantidades de laranja nos utensílios, jarras e potes. Você sentirá então que criou uma atmosfera de paz e alegria, que se refletirá em suas criações culinárias.

Banheiro

O banheiro é um lugar de asseio. Não o ocupamos por muito tempo, o que torna possível fazer experiências com ele. Também com esse ambiente o azul é relacionado. Talvez a razão esteja na relação do azul com a água e o asseio. Eu pessoalmente acho essa cor muito fria para o banheiro.

As maiores instalações desse cômodo são a banheira, a pia e, às vezes, o lavatório. A escolha da cor dessas peças vai determinar a combinação de cores de todo o banheiro. Se as peças são brancas,

114 O USO DA COR NO SEU DIA-A-DIA

use cores neutras na parede e no piso. Isso permitirá o uso de toalhas e cortinas coloridas.

Se as cores básicas são neutras, as possibilidades tornam-se quase infinitas. Qualquer que seja a cor escolhida, procure introduzir tons harmônicos com alguns toques de sua cor complementar para criar equilíbrio.

Se você gosta de cores mais frias, use um tom de azul-turquesa. Essa tonalidade é obtida pela mistura de dois terços de azul com um terço de verde. Um tom claro dessa cor nas paredes e azulejos lhe possibilitará usar pequenas quantidades de vermelho ou magenta para contrabalançar.

Se você mora com a família, procure encontrar um espaço, mesmo pequeno, que seja seu para poder decorá-lo de maneira a satisfazer suas necessidades físicas, psicológicas e espirituais. A decoração pode ser simples. Alguns cristais refletindo as cores que o atraem; uma variedade de tecidos ou ornamentos coloridos colocados em volta do cômodo; talvez um ou dois quadros nas paredes. À medida que ficamos mais conscientes e sensíveis, nossas necessidades mudam e, conseqüentemente, as cores que nos atraem também. Cores usadas em objetos simples e baratos são fáceis de trocar.

Exercício

Um modo de você ter uma idéia de como será o resultado final é criar uma miniatura do ambiente que está pretendendo decorar.

Para isso você necessitará de uma caixa de sapatos para representar o cômodo. Desenhe na caixa ou recorte as janelas que ele tem. Compre potes com amostras de tinta nas cores que você está pretendendo usar. Consiga amostras do papel de parede, do tecido para as cortinas e do carpete. Se o ambiente que está redecorando é o dormitório, compre uma miniatura de cama de boneca e faça as roupas que a revestirão. Se você tem uma filha que possua uma casa de bonecas, tome emprestados os móveis dela para montar seu quarto "simulado". Tendo reunido todo o material necessário, coloque tudo no seu quarto em miniatura. Isso lhe dará uma visão global das cores e do material que escolheu. Se eles não combinam, é muito fácil e barato trocá-los. Ao contrário, se você comete algum erro na decoração de seu quarto real, repará-lo sai muito caro.

As cores no jardim

As cores, além de serem usadas para a decoração do interior da casa, podem ser estendidas até o jardim, o terraço ou as jardineiras.

Criar um jardim pode ser muito gratificante, mas envolve um bocado de trabalho árduo. Uma vez que você tenha criado o jardim de seus sonhos, não poderá abandoná-lo à própria sorte. As ervas daninhas costumam crescer com uma rapidez alarmante e nos lugares mais inesperados. Se não forem arrancadas, em pouco tempo tomarão conta do jardim. Se o jardim tem grama, ela precisa ser cortada regularmente nos meses da primavera e do verão. Quando o tempo é seco, o jardim precisa ser regado.

Se você está pretendendo criar um jardim, o melhor meio de fazê-lo é decidir o estilo, o projeto e as plantas e equipamentos necessários. Eu também acho que é importante o investimento em um simples e bom manual de jardinagem. Ele deve indicar o que fazer e o que não fazer no jardim, quais as plantas que precisam de sombra e quais as que precisam de luz, e como manter o solo saudável. Feito isso, suas idéias podem começar a ser colocadas em prática.

Se você mora numa cidade grande, talvez tenha que se contentar com um pátio, terraço ou mesmo com jardineiras nas janelas. É muito gratificante ter qualquer uma dessas formas de jardinagem, que, em comparação com os jardins convencionais, exige poucos cuidados diários. E pode também proporcionar um espetáculo de cores vivas.

A forma que nossos jardins assumem e as plantas que escolhemos refletem, como a decoração interior, nossas preferências e aversões pessoais. Isso faz com que cada jardim seja extremamente individual, independentemente da simplicidade do projeto. Ao criar seu jardim, pense nele como um todo. Procure fazer com que tenha cores durante todo o ano, flores perfumadas e que podem ser cortadas para decorar a casa. Se você planejar bem o jardim, ele poderá ser um espectro de cores durante todo o ano.

Ter consciência das influências que as cores exercem e dos efeitos que elas causam em quem as vê o ajudará a conseguir os efeitos desejados. Como os tons claros são suaves e sensíveis na natureza, eles proporcionam uma sensação de relaxamento. A vibração dos tons vermelhos e amarelos pode causar perturbação. Os tons azuis misturados com branco refletem o distanciamento ideal para os jardins bem batidos de sol, mas a existência de cores fortes pode estimular as emoções. Se você quer que seu jardim tenha uma suave qualidade feminina, use uma combinação de tons rosados com malva, como a das papoulas, tulipas e alfazemas rosadas, misturadas com

A COR EM CASA E NO JARDIM   117

açafrão púrpura e branco. Para criar uma sensação de equilíbrio, faça alguns canteiros de flores exibindo determinadas cores e suas cores complementares.

Áreas de pouca luz

Se a área em que você está trabalhando tem pouca luz, use tons claros de amarelo, branco ou azul. O amarelo é a cor mais próxima da luz; o branco contém todas as cores; a luz natural recai sobre a extremidade azul do espectro. As plantas dessas cores que você pode considerar são as hortênsias brancas, as rosas amarelas e brancas, as tulipas, *Anthemis cupaniana* e anêmonas. Pode-se ainda acrescentar o jacinto, a centáurea-azul e o amor-perfeito. Todas essas cores combinam bem com os variados tons verdes da folhagem.

Se a área de pouca luz em que você está trabalhando é pequena, experimente apenas flores brancas. Se fizer isso, tome muito cuidado na seleção. Existem muitos tons de branco, e alguns deles não combinam entre si, a não ser que sejam misturados com verde-claro ou prateado. Sob luz intensa o branco pode ser deslumbrante, mas sob luz fraca ele pode assumir uma qualidade mágica.

Áreas ensolaradas

Se a área na qual você está trabalhando é ensolarada, use uma mescla de flores de cores fortes. Se, ao mesmo tempo, você quiser criar um efeito aconchegante, use plantas com as cores da extremidade quente do espectro. Uma cor única produzirá mais efeito que uma mistura. Outra situação que favorece o uso de cores fortes e vibrantes é quando se tenta ocultar um fundo insípido e sem beleza, como um muro ou uma cerca.

Nessas ocasiões, você pode usar begônias de tom vermelho-vivo, papoulas de cor laranja da Califórnia, dálias e calêndulas africanas douradas e de cor laranja.

Jardineiras

Para quem mora em apartamento ou casa sem espaço para jardim, as jardineiras podem ajudar a estender a combinação de cores do espaço interior, com o benefício adicional de dar vida e luz a um espaço que poderia ser insípido e cinzento.

A primeira coisa a ser considerada com respeito às jardineiras é sua segurança. Averigúe se elas estão bem fixadas. Uma bandeja rasa colocada sob a jardineira reterá qualquer excesso de água.

Exemplos de flores que podem ser cultivadas em jardineiras são: gerânio, narciso, tulipa, petúnia, amor-perfeito e fúcsia (brinco-de-princesa). Se quiser melhorar o efeito, coloque trepadeiras na frente da jardineira para que elas caiam pelas bordas.

Outro tipo de planta que você pode cultivar em jardineira são as ervas. Além de serem agradáveis para a vista, elas oferecem a vantagem de termos ervas frescas. Para começar, algumas ervas populares são a salsa, o alecrim, a hortelã e o tomilho. Como a hortelã e o tomilho espalham-se rapidamente, é conveniente plantá-los em compartimentos separados dentro da própria jardineira.

Mexer com terra e plantas, por menor que seja o espaço que temos à disposição, é extremamente terapêutico e relaxante para a mente. Essa atividade nos ensina a respeitar a natureza e nos torna sensíveis para as muitas variedades de cores vibrantes que ela cria; ajuda-nos a trabalhar tanto com a energia espiritual como com a terrena. O solo provê a energia terrena e as plantas, com suas diferentes tonalidades, a energia espiritual. É importante que tenhamos consciência disso ao trabalhar na natureza.

* * *

As cores, em todas as suas manifestações, estarão sempre conosco. Vamos aprender a amá-las e respeitá-las, a ouvir o que elas nos dizem e deixar que atuem em nós e integrem todos os aspectos do nosso ser.

Bibliografia recomendada

Birren, Faber, *The Symbolism of Colour,* Citadel Press, 1989.
Gimbel, Theo, *The Colour Therapy Workbook*, Element Books, 1993.
Gimbel, Theo, *The Book of Colour Healing*, Gaia, 1994.
Hunt, Ronald, *The Seven Keys to Colour Healing*, C. W. Daniel Co. Ltd., 1971.
Lüscher, dr. Max, *The Lüscher Colour Test*, Pan Books, 1970.
Powell, Arthur E., *The Etheric Double*, The Theosophical Publishing House, 1925. [*O Duplo Etérico*, publicado pela Editora Pensamento, São Paulo, 1973.]
Ozaniec, Naomi, *Chakras for Beginners*, Hodder & Stoughton, 1994.
Wills, Pauline, *The Reflexology and Colour Therapy Workbook*, Element Books, 1992.
Wills, Pauline, *Colour Therapy*, Element Books, 1993.
Wilson, Annie e Lilla Bek, *What Colour Are You?*, Turnstone Press Ltd., 1981.
Wright, Angela, *The Beginner's Guide to Colour Psychology*, Kyle Cathie Ltd., 1995.
Choose a Colour Scheme, Ward Lock, 1988.